人生が180度変わる思考術

マーケティング脳で考えればうまくいく

THIS CAN BE SOLVED BY USING MARKETING BRAIN.

億超え社長
田尻紋子
Tajiri Ayako

SOGO HOREI PUBLISHING CO., LTD

はじめに

あなたは、マーケティング脳がある人ですか？　ない人ですか？

いや、ちょっと待って。そもそも〝マーケティング脳〟って何ですか？

――といま、思ったことでしょう。

マーケティング脳の説明をする前に、一つ質問です。

あなたは「マーケティング」という言葉にどのようなイメージを持っていますか。

「なんだか難しそう……」

「商品開発とか、企画の仕事？」

「普通の会社員だし、私には関係ないよ」

と考えたりはしていませんか？

たしかに、「お客様はどのような商品を求めているか」「いかに自分の会社の商品の前にお客様を連れてくるか」といったことをさまざまな企業が調査し、商品やサービスを作るときにもマーケティングの知識は活用されています。

しかし、それだけではありません。

「いま、目の前にいる人は何を必要としているか」「人はどのようなことを考えて行動するのか」という分析をするマーケティング的視点は、私たちが送る日常生活のなかでも活かすことができるのです。

実はマーケティングというのは、職種や年齢、性別にかかわらずどの方も知っていれば必ず役に立つ知識です。なぜならば、マーケティングを知ることは究極の人間理解につながるからです。

もともとは仕事のために用いられてきたマーケティングを人間理解のために役立て

る方法が「マーケティング脳」なのです。詳しくは本文で紹介していますので、ぜひ読んでみてくださいね。


ご挨拶が遅れました。私は田尻紋子《たじりあやこ》といいます。

現在、マーケティングの会社を経営しており、個人事業主や、店舗、物販に関わっている方を対象に、マーケティングによる集客手法などを教えています。

2人の子どもと、2匹の猫ちゃんたちのお母さんでもあります。


いまでこそ、会社のほうは年商億超えを約5年間達成して成功を収めているように見えますが、これまでの人生では何度も困難な状況に陥ったことがあります。

子どものころは不登校になったこともありましたし、シングルマザーとして時間もお金も足りず、一時期は借金まみれになり、ガスや電気を止められたこともあります。

それでも、なんとか結果を出すことができたのは、いまから振り返ると、あらゆる局面でマーケティング脳を働かせてきたからだと思います。

当時はマーケティングのことなど全く知らず、「どうやったらうまくいくのかな」と悩みながら試行錯誤をくりかえしたことが、結果的に「マーケティング」になっていたことにあとから気づきました。

◯きっかけは、勝手に始めたキャンペーン

いま思えば、私が一番最初にマーケティングの考え方と出合ったのは、大学を卒業して、派遣社員として働き始めた携帯電話ショップでのことでした。

その職場は学歴不問・実力主義をモットーにしており、1日3回かかってくる上司からの電話連絡では、売上を達成していないとどやされるような厳しい環境でした。

そのようななか、家電量販店の3階の片隅にひっそりとつくられた小さな売り場で、携帯電話の端末を売ることになりました。当然、お客様はほとんど来ません。

お店の前を通る人がいたら、とにかく声をかけたり、休憩もとらずがむしゃらに働き、できることはすべてやったつもりでしたが、結果は出ません。

「もう嫌だ！　勝手に売れたら良いのに」

「そうだ、声をかけなくても売れるしくみをつくろう」と思いついたのです。

「お店に人を集めるにはどうすれば良いんだろう？」

自分の頭をひねりました。

スーパーの１階は食品売り場で、そこにはたくさんの人がいます。その人たちに売り場の存在を知らせることができれば……。

「店内放送を使ってみれば？」という上司のアドバイスのもと、指示されたわけでもないのに、私は店内放送でくりかえしアナウンスをし始めました。

さらに他の人の「ポップをつくったら？」というアイデアを受け、パソコンでショップに置くポップをつくり始めました。お店にやってくる人に直接声をかけても逃げられてしまうので、自分の言いたいことを文字にしたのです。

他にも思いつくことはいろいろ試してみました。

すると、その取り組みから約3カ月後に目標達成率230％という結果が出ました。全国28店舗のなかでも第1位という成績です。営業やマーケティングのことなど何も知らない20代前半の女の子が快挙を成し遂げたのです。

その後、30代で美容業界に転職するまで、他のショップを転々としましたが、このように「自分の頭で考える」ことを徹底したおかげで、どの店舗でも成果を出すことができました。

◯マーケティング脳で得られる力

私には誇れる学歴や華々しいキャリアはありません。そんな私がここまでやってこられたのは、無意識のうちに働かせていたマーケティング脳のおかげだと思っています。

この本には「過去の私に教えてあげたい」と思うエッセンスが詰まっています。

もしもあなたが
「職場に居場所がない」

「自分のことを誰も正当に評価してくれない」

「人間関係がどうもうまくいかない」

などと悩んでいるなら、マーケティング脳が問題解決につながるかもしれません。


「起業したいが不安がある」

「プロジェクトを成功させたい」

「営業で売り上げをもっと上げたい」

といったビジネスの課題解決にも役立つはずです。


この本では、私の経験をもとに、さまざまなシチュエーションごとに「マーケティング脳のある人／ない人」の思考法や行動を紹介しています。

あなたが「ない人」にあてはまるなら、「ある人」のふるまい方を取り入れてみてください。

難しい専門用語はなるべく使わずに、あくまでこれまでの自分の経験をもとに、日々の仕事の現場や家庭で実践できるノウハウをお伝えしていくつもりです。

ノウハウはそれぞれ「初級編」「中級編」「上級編」にまとめていますが、この順番通りではなくても、あなたが取り組めそうなものから実践していただいても問題ありません。

あなたもぜひマーケティング脳を身につけて、仕事や生活、ひいては人生を充実させていってくだされば嬉しいです。

目次

第1章 マーケティング脳って何？

第2章 マーケティング脳を実践しよう［初級編］

第3章

マーケティング脳を活かそう［中級編］

第4章

マーケティング脳を応用しよう［上級編］

ブックデザイン／木村勉
DTP／横内俊彦
本文イラスト／アライヨウコ
編集／市川純矢　佐山亜樹
編集協力／米田政行（Gyahun工房）
校正／菅波さえ子

第1章
マーケティング脳って何?

マーケティング脳とは、マーケティングの考え方を身につけて、より良いビジネスや生活の充実、もしくは目標達成のために役立てる思考法のことです。

この章では、マーケティングの考え方とはどのようなものか、というところから解説をします。そのなかでは、マーケティング脳が何の役に立つのか、どのような力が身につくのかを紹介します。

マーケティングは何のためにある？

「はじめに」でも話題にしましたが、そもそもマーケティングとは何でしょうか？
マーケティング脳を理解するために、まずはそこから勉強していきましょう。
マーケティングには、「顧客の欲求を満たす企業の活動」とか「商品・サービスを売るためのしくみ」とか、さまざまな説明のしかたがあります。

ところで「マーケティング」というと、「お客様に商品・サービスを売り込む」「お客様を引っ張ってくる」といったものをイメージするかもしれません。ファミリー向け商品の宣伝広告を買い物客が集まるショッピングモールに掲示するように、その内容を考えたり、展開する場所を決める際には、マーケティングが使われています。

私の住む福岡では豚骨ラーメンが人気です。とはいえ、裏路地に店舗があると人通りの多い大通りからは隠れてしまって、お客様もなかなか来ません。せっかく来てくれても、迷ってたどり着けず、あきらて帰ってしまいます。

マーケティングを使うということは、人の多いところに看板を出すなどして、お客様を導くことです。つまり私が説明するマーケティングは「日本や世界で、**自分の商品・サービスを待っている人たちを、迷わせずにエスコートすること**」なのです。

さらにいえば、私の考えとしては、マーケティングを使うことで、お客様が自らの意思で自主的に第一歩を踏み出してくれることを目指します。豚骨ラーメンに興味を持って看板を探してくれることがそれにあたります。

このようにマーケティングを使えば、お客様をよりリアルに理解し、商品やサービスの本当の価値を理解してもらうことができるのです。

2
マーケティング脳とは

自分自身をマーケティングする

私は起業家を対象にしたスクールを運営しています。そこではスモールビジネスを始めたい人に向けて、これまで私が培ってきた経験やノウハウなどをお伝えしています。

スモールビジネスとは、資金をなるべくかけず、小規模からスタートさせるビジネスのことです。一人社長と呼ばれる人たちなどがこれにあたります。

このビジネス形態では、売っている人の顔がわからないと、商品・サービスの良さが伝わらないので、売るものと売る人とを一体化させることが重要です。

たとえば、有名なメーカーが販売している掃除機や洗剤などを買うとき、いちいちどのような人がつくっているのか気にしませんよね。

しかし、スモールビジネスで提供される商品・サービスに関しては、「誰がつくっているのか」が重要な判断基準になります。

なぜなら個人には大企業のようなブランド力がないため、どれだけ良い商品でも、買う人からしたら品質が担保されていないからです。

そのため、**どんなに商品・サービスが良いものであっても、「誰がつくっているのか」「どんな人が売っているのか」がわからないと買ってはもらえない**のです。

以上のことをふまえると、**マーケティングの対象は商品・サービスだけではなく、自分自身も含まれる**といえます。

もし営業職ならば、商品がすばらしいものであっても、売り手に魅力がないと成約しない、ということがビジネスの現場では起こります。他にも、直にお客様と向き合わない職種であったとしても、社内で自分を「マーケティング」することで、良い効果が得られるでしょう。

3

自己理解

自分のトリセツを持つ

前々項でマーケティングを活用することで、お客様をよりリアルに理解したり、逆に自分たちの商品やサービスの本当の価値を理解してもらうことができる、ということを説明しました（18ページ）。

また、前項で自分自身もマーケティングの対象だという点を述べました（20ページ）。

つまり、**自分のことを理解してもらうためには、そもそも自分のことを自分が知っていなければいけません**。まずは自己理解をするところから、マーケティング脳のトレーニングは始まります。

ただ、自分自身のことを理解するというのは、実際はなかなか難しいことです。

「自分はどういう人間か」を正確に理解している人はほとんどいないでしょう。他人に聞いてみる方法はありますが、本音を話してくれるとはかぎりません。

自分で自分のことを理解するのは難しいし、理解していたとしても行動に移せるかといえば、それもまた困難なことなのです。

たとえば、私はスクールの生徒さんに向けてYouTubeなどで情報を発信していますが、実は人見知りです。そのことは自覚していたとしても、「人見知りするな」というのは無理な相談です。

では、どうすれば良いのでしょうか？

マーケティング脳をしっかりと働かせるには、「自分を理解する」「自分のベースとなるものをつくっておく」ことが重要になります。

言い換えれば「自分のトリセツをつくり上げていく」ことが重要になります。

また、トリセツを待ち自分の心のしくみを理解することで、一本筋が通ったビジネスの運営が可能になります。
たとえば、心が不安定でネガティブな感情にとらわれてしまっては、自分の価値や、商品・サービスの良さを伝えることは難しいでしょう。そのようなときのために自分の心が乱れてしまう要因や、対応するための方法を把握しておくと良いでしょう

私の場合は起業したとき、自分の孤独と向き合うことに苦労しました。毎月支給されていた固定給はなくなり、収入が100％自己責任になってしまうストレスは大変重いもので、まるで帰る家をなくしたような寄る辺ない気持ちになったこともありました。

社会では、同じようにお金の問題でストレスを抱えている人が多いのではないでしょうか。心理的な傾向として、人はお金の問題では理性を見失ってしまいがちです。お金がないのに実際は高い買い物をしていても気づかない、といったことがよく起きます。

このような状態になると仕事や趣味・人生の大切な場面で、自分の人生のコントロールがうまくできなくなり、つぶれてしまう人もいます。
トリセツを持っていることでそれが回避できるのですから、お得だとは思いませんか？　またトリセツを持っていればビジネスのなかで判断に迷うような場面でも、誤ることなく自分の意思に基づいた選択ができるでしょう。

このようにトリセツによって自分をコントロールする方法を身につけておけば、これは大変な強みとなり、大切な場面であなたを支えてくれるのです。

この本では第2章から、ネガティブな感情にとらわれたり、妙な言説に乗ったりせず、自分のベースをしっかり整える方法を紹介していきます。それらを参考にあなたも「自分のトリセツ」をつくっていってください。

4

相互理解

自分を理解してもらう前に相手を理解する

ビジネスで成功するには、自分や商品・サービスについて理解したとしても、それだけでは十分ではありません。

自分を理解してもらうには、まず相手を理解しなければいけません。つまり、「相互理解」が必要なのです。

ところが実際には、自分や商品・サービスの価値・魅力を伝えるだけで、「わかってもらえる」と勘違いしている人が多くいます。

商品やサービス、あるいは自分自身についてメッセージを発信する際は、相手に伝わるようにパッケージ化して伝えることが大切です。それがどのような形にするのが良いのかは相手によって変わります。

ビジネスパーソンが相手なら、少し難しいビジネス用語を使っても良いでしょうが、学生や子どもにはやさしい言葉づかいをするべきでしょう。

使い方が難しい商品を買ってもらうなら、文字よりも画像や映像で説明したほうが伝わるかもしれません。

多忙な日々を送っている人には短い尺の動画をすき間の時間で観てもらったほうが良いでしょうし、引退してゆったりとした日々を過ごしている高齢者には、長い時間をかけてじっくり説明する動画のほうが適しているかもしれません。

このように、**自分の伝えたいことを相手に合った形にパッケージ化していくには、「相手の視点を持つ」ことが欠かせません。**当たり前のようですが、商品・サービスを売り込もうとしていると、自分の必死な気持ちばかりで手いっぱいになってしまって、相手の視点を忘れてしまいがちなのです。

相手の視点を持つこと。つまり、相手を理解することは、商品・サービスの売り込みだけではなく、日々のビジネスの現場でも必要なことです。

なぜなら、大体のトラブルは、往々にしてコミュニケーションの不全から起こるからです。

自分が言ったつもりでも、相手にしっかり伝わっていなかった。あなたにもそんな経験はありませんか？

「空気を読む」「察する」「斟酌する」「忖度する」など、言葉を尽くさずにコミュニケーションを終わらせてしまうことが、日本ではよくあるように思います。

これからの時代、さまざまな考え方・価値観・社会的背景を持つ人とも付き合っていかなければいけません。コミュニケーションを重ね相互理解を深めることは、ますます重要になっていくでしょう。

そのような社会のなかで特に必要な「どのようにしたら相手により良く伝わるか」を考える力も、マーケティング脳を身につければ手に入れることができます。

5

顧客ファースト

相手の心をつかむ言葉を投げかける

自分のトリセツを作る自己理解、相手の視点を持つ相互理解についてお話ししてきました。ここではさらに踏み込んで「顧客ファースト」を説明します。

マーケティングでは、お客様が商品・サービスを購入するまで、次のページの図のようなプロセスを経ると考えます。この図は「マーケティングファネル」と呼ばれています。

まずは商品を「認知」し、「興味」を持った人が「比較・検討」に入り、実際に「行動（購入）」するという流れです。

図が逆三角形に描かれているのは、プロセスが進むにつれてお客様の人数が減っていくことを表しています。**より多くのお客様に買ってもらうには、できるだけ多くの人に「認知」され「興味」を持ってもらうことが**必要です。

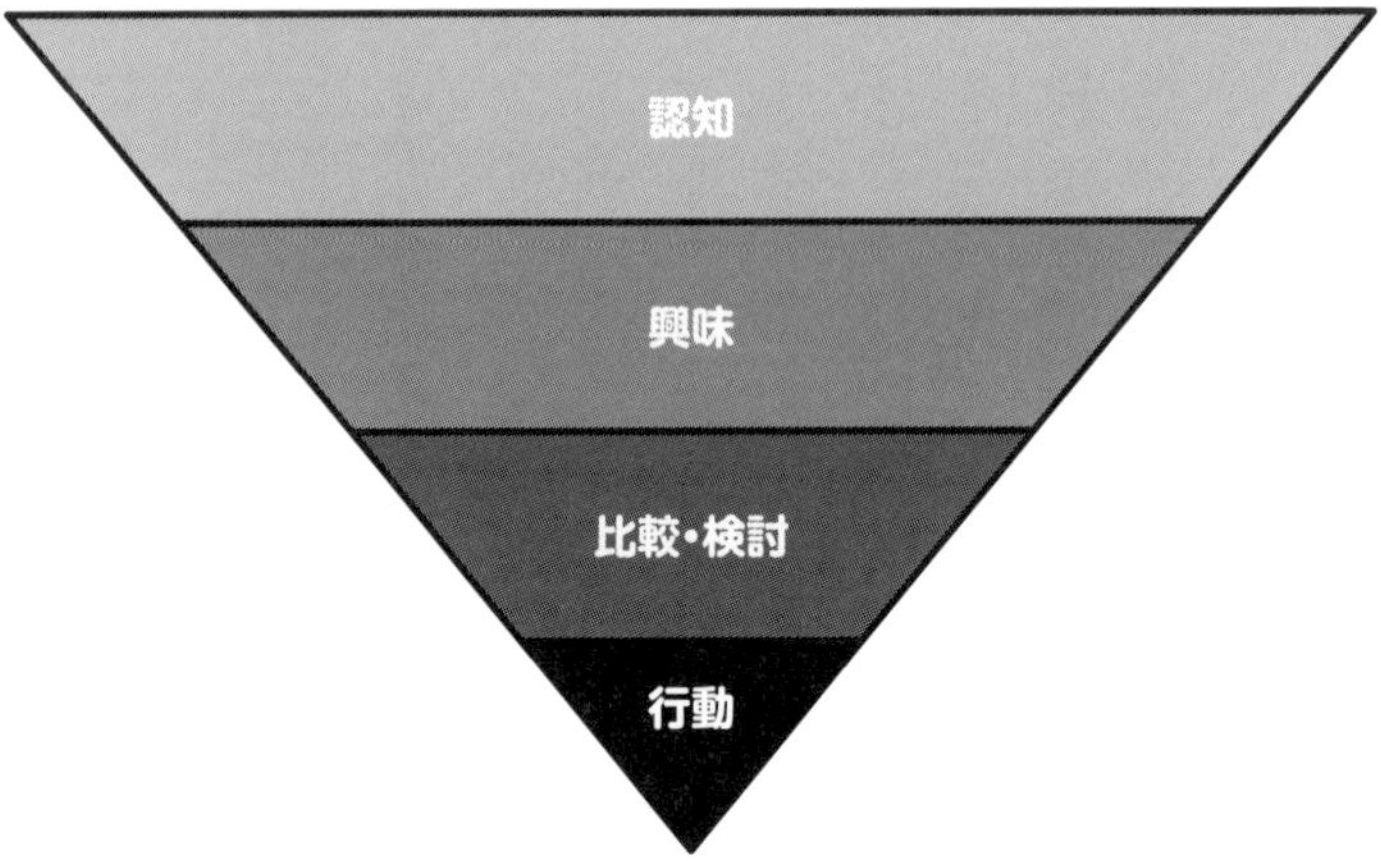

マーケティングファネルのしくみ

では、どうやって「認知」して「興味」を持ってもらえば良いでしょうか？

さまざまな方法がありますが、ここでは「お客様のほしいものを提供する」ことを挙げたいと思います。

たとえば、ダイエットに関する商品・サービスを売るとします。このとき「ダイエットに成功して幸せをつかむ女性を増やしたい」といった売る側の〝理念〟を語っても、お客様の心には響きません。端的に「痩せる！」と言い切ってしまうほうが刺さります。

なぜなら、人は手っ取り早く効果や心

地良さを得たいと思っているからです。現代人はとにかく忙しいので、なおさらその傾向があります。

他の例も見てみましょう。ビジネスを始めたいお客様に訴えかけるとします。自分のキャリアに疑問を持ち始める年代である30～40歳代向けには「いまの収入で満足ですか？」といったメッセージが効果的でしょう。すでにある程度の資金を持っている忙しい人には「お金にお金を生ませるしくみづくりができます」などの言葉を発信します。

このように、**自分の商品・サービスを買ってくれそうな人の心を的確につかんでいくことを「顧客ファースト」と私は呼んでいます**。相手を理解したうえで、効果的な〝コミュニケーション〟をとろうとする。それはマーケティング脳の持つ有効な力の一つです。

ギブ・アンド・テイクだけを考えていると本当の幸せはつかめない

「GIVER（与える人）」と「TAKER（受けとる人）」という言葉があります。さて、ビジネスで成功するのは、どちらだと思いますか？

一般的に成功者はGIVERだといわれています。これは正しいでしょう。一方で、成功しないのもGIVERなのです。

成功しないGIVERは、自己犠牲をする人です。

たとえば、連日のように身を粉にして仕事をし、疲弊してしまいます。起業直後など、一時的にそうする必要がある場合もありますが、長い目で見れば、自己犠牲は成功には結びつかないのです。

このように身を削る自己犠牲のギブを続けていくと、心身にゆとりがなくなっていくためいつかパンクしてしまいます。

パンクはしないとしても、いつもイライラして、まわりに悪い影響を与えてしまうこともあるでしょう。「なんで私ばかり」「私のほうが犠牲になっているのに」という驕《おご》りも出てくる可能性があります。

そうすると、次第に自分のまわりからは人が離れていってしまい、ビジネスも立ち行かなくなってしまいます。

「かけた情けは水に流せ。受けた恩は石に刻め」という言葉があります。仏教の経典に由来するそうで、「自分が与えたものは気にせず、受けた恩はどんなに小さくても心にとどめよ」といった意味です。

つまり、**何かを得ようと打算的にギブするのではなく、見返りは期待せずに人に奉仕することが大きな結果につながっていきます。**

私もこれを座右の銘として、さわやかに、息をするように、人に自分が与えられることを提供したいと思っています。そうすると、自然に人が集まってきて、結果的に売り上げが伸びたり、新しいビジネスで面白いことができたりします。

もちろん、ギブをすることで、常に見返りをもらったり、結果が出たりするわけではありません。むしろそうなるケースのほうが少ないでしょう。

しかし、さわやかなギブを心がけていると、ビジネスの成功とは無関係でも、自分の意思決定や行動に満足感を得られますから、結果として自信が得られたり、自分が幸せな気持ちになれたりします。

あくまで私の見方ですが、ギブ・アンド・テイクだけを考えている人は心が充足する感覚を知らないので、いつも心に不足感を抱え続けているように思います。そんな人が将来的にどうなるかは、想像に難くないと思います。

マーケティング脳はビジネスの成功だけではなく、うまく使えば「人生の幸福をつかむ」こともできるのです。

7

お金を稼ぐ意味
（その1）

目的意識を持つ

ビジネスのしかたを教えているという立場も影響しているのか、毎日のように「マーケティング」という言葉を耳にします。なぜ世のなかでマーケティングがこれほど注目されているのでしょうか。

それは、マーケティングの目的の一つに「お金を稼ぐ」という点があり、うまくマーケティングスキルを使えばさらなる利益を得られるためです。

では、お金を稼ぐ意味はどこにあるのでしょうか。

もちろん、この問いに絶対的な正解はありません。会社であれば事業の理念やミッション、個人であれば価値観や人生観によって変わってきます。ここでは、一例として私の考えを述べていきます。

お金を稼ぐ意味の一つは「大切な人を喜ばせるため」と私は考えています。

個人的な事情になりますが、私はシングルマザーですので、とにかくお金を稼がなければいけない状況でした。

当時は、お金が足りないことで、子どもに我慢をさせたくないと思っていました。子どもが「音楽を習いたい」と言えば教室に通うお金を出してあげたいですし、「海外に留学したい」と言うならばその費用を躊躇うことなく払ってあげたかったのです。

あくまでも、お金を稼ぐことは「大切な人を喜ばせるため」の手段でしたが、この目的があったからこそ、現在まで頑張ってくることができました。

もしも「ブランドの服を着たい」「高級な料理を食べたい」など、自分の望みを叶えるためだけだったら、いまほどには力がわいてこなかったでしょう。

私の場合はやや特殊な事情があったわけですが、一般的にも「自分が〇〇したいから」よりも「誰かに喜んでほしい」と考えて仕事をするほうが、やる気が出ますし、結果的により多くのお金が得られるのではないでしょうか。

自分の欲を満たすためだけにお金を稼ごうとすると、やはり心のどこかに歪みが生じる気もします。

そうなると心の余裕もなくなり、「どうしてこんなこともできないの?」などと、他の人の悪いところが目につきイライラも募るようになります。それでまた心が荒んでいくのです。

自分の心が安定しなければ幸福感を得られませんし、ビジネスも負のスパイラルに陥っていきます。

もしもあなたがお金について悩んでいて、もっと稼ぎたいと思うのであれば、**「何のためにお金を稼ぐのか」、「お金を使って何をしたいか」といった目的を振り返ってみると良いでしょう。**

これまで多くのビジネスマンを見てきましたが、お金があっても幸せを感じられない人は実はたくさんいます。

お金を稼ぐのは、ある程度の条件がそろえば、比較的容易にできることです。金融や経済のシステムがそのようになっているためです。

皮肉にも、幸せになるためにお金を稼いでいたはずが、そこまで到達したらその先の望みがなくて心に空虚さを抱えている、ということがあります。

ですから、お金を稼ぐことを手段にすることはあっても、目的にすることはお勧めできないのです。

たとえば「家族を喜ばせるため」といったように、頭を切り替えてみてはいかがでしょうか。

8

お金を稼ぐ意味（その2）

「人生の選択肢を増やす」ためにお金を稼ぐ

さて、「お金を稼ぐ」ことの意味について、もう一つ、「人生の選択肢を増やす」ということも挙げられると私は考えています。

人生においては、「やってみたいけど、お金がないからできない」ということがあります。

いま私はビジネスを海外で展開しようと計画していて、準備のために英会話を習っています。また、健康な体づくりをしようとジムでパーソナルトレーナーについてもらいトレーニングをしています。これらは少なからず費用がかかるので、もしもお金を持っていなければ、あきらめなければならなかったでしょう。

前項では「自分の欲を満たすためだけにお金を稼ごうとすると、やはり心のどこかに歪みが生じる」とお話をしたので、自分のためにお金を使うのは矛盾している、とあなたは思うかもしれません。

前項の内容をより正確に言い直せば、「自分にとって本当に重要と思えること」にお金を使うのです。

「お金を稼ぐ」というと、ホテルの最上階にある五つ星レストランで連日のように食事をしたり、銀座でブランド品を買いあさったり、高級住宅街に何億円もする豪邸を建てたりすることを目的にする人がいます。

実をいうと、私も少しお金を稼げるようになったとき、高級レストランで食事をしたりブランド品を買ったりしたことがあります。

食事はすぐに飽きてしまいましたし、ブランドの服も「シミをつけたら嫌だな」などと考えてしまい、結局、思い描いていたほど嬉しくありませんでした。

それよりも、ご飯に納豆をかけて食べたり、ちょっと汚しても大丈夫な地味な服を着たりするほうが、私は満足感や安心感を感じます。

私の場合はちょっと極端かもしれませんが、つまり選択肢を増やし、実際に経験できたことで、より快適な生活や好きなものを選ぶことができました。

このように「自分にとって本当に重要だと思えること」を見つけるために選択肢を増やすことができる、そこにお金を稼ぐ意味があると考えています。

高級レストランに実際に行ってみるとわかるのですが、何十万円、何百万円と大きな金額になることはほとんどありません。実は個人レベルの単純な欲をかなえるのに、それほどお金は必要ないことがわかります。

もしかすると、あなたは素敵なアクセサリーや、素晴らしい機能を持つ商品がほしいと思っているかもしれません。しかし、置いておくスペースにもかぎりがありますし、ものはいつか必ず壊れますから、永遠には手元に置いておけません。

高級な食材を食べたり、ものを買ったりするのも、それがあなたの本当に重要だと思えることであるならば、きっと満足できるでしょう。

しかしお金があることで、他にも選択肢が現れます。

私たちは時間や知識、体験、健康といった目に見えないものや、形がなくても価値が高いものも、お金があれば選択できるようになります。自分自身でそれを享受するのも良いですし、他の人にその機会を渡してあげることだってできます。

しかも、これらは誰にも奪われませんし、生きているかぎりは永久に人生に役立てることができます。実際にいま、私は英会話を教わり、ジムに通っています。

話をまとめましょう。お金を稼いで選択肢を増やし、さまざまな経験をして得ることができた教訓はこの2点です。

お金は「目的をかなえるため」に稼いだほうが良いということ。

ギブ・アンド・テイクのお話でも書いたように、最初のうちは自分のためにお金を稼ぐという起業のしかたでも、ゆくゆくは**ビジネスで社会に貢献する方法を考えるほうが、お金を稼ぐうえで意味も、金額も大きくなる**、ということです。

マーケティング脳ではお金の先にある価値に着目して、自分のビジネスや人生にどのように役立てられるか、という考え方をします。

9

夢の実現

人生は自分でコントロールする

自らの夢を実現させた成功者の多くが「物事は100％自己責任」と言っています。少し極端に聞こえるような気もしますが、そのくらいのマインドを持っているほうが夢の実現への可能性が高まるのもたしかでしょう。

この本を読んでいるあなたは、誰かに強制的に何かをさせられている、という状況にはないはずです。いまの仕事も、結婚するのかしないのかも、いずれも自分の意志や選択の結果の表れです。

つまり、**これから先の人生も自分の選択で結果を変えることができる、**ということです。

しかし人は、失敗したときなど、自分の望まない状況や境遇を他人のせいにしがちです。

「自分が評価されないのは上司が無能だからだ」「夫婦生活がうまくいかないのは、相手に思いやりがないからだ」と考えてしまう人がいます。

それらは事実かもしれません。ですが、この考え方に陥ると、「悪いのは相手なので、相手が変わるまで待ち続ける」という姿勢になります。

基本的に人は変わりませんから、**自分の置かれた状況の原因を他人に求めてしまうと、他人の都合や行動によって自分の人生が左右されてしまいます**。つまり自分の幸福・不幸が他人まかせになるわけです。

仮に他人に問題があったとしても、それを織り込んで、自分の選択の結果として受け止め、自分で意志を決め選択することが大切です。人生は自分自身がコントロールする必要があります。

失敗の延長線上に成功がある

何をやってもうまくいかない。失敗ばかりしている。

そのような状況に陥ると「目標はかなわない」「夢は実現しない」とあきらめてしまいたくもなるでしょう。

でも、決してそこで投げ出さないでください。

そのようなときマーケティング脳を働かせれば、「成功と失敗のベクトルは同じ」だと考えられます。

成功とは失敗の延長線上にあるものです。辛くてもその「線」から降りないで、改善点を見つけて継続したほうが成功に確実に近づけるでしょう。

もちろん人生を歩むうちに目標が変わっていく可能性もあります。そうなったときは、目標や夢を変更することは問題ありません。

なかには達成できないからといって目標をころころ変えてしまう人もいますが、失敗の数だけ成功したときに得られるものも大きくなるので、あきらめてしまう前に一度冷静になって、目標達成できなかったり、失敗してしまったりする原因をつきとめ、対策を立てましょう。

「ベクトル（方向と大きさ）は同じ」とは、つまりこういうことなのです。

「愛」は集めて、蓄えて、放つ

この章の最後に「愛」についてお話しします。

「マーケティングと関係あるの？」とあなたは疑問に思ったかもしれません。

これまで、相手の視点を持ち相手を理解することの大切さについて述べてきました。

自分を整えることがマーケティング脳であるとも、くりかえし語ってきました。

マーケティングの向こう側にいるのは感情を持った人間ですから、自分自身も含めて、「愛」と無関係でいられる人はいません。


さて、「愛」には、男女間の恋愛に代表されるように、「ギブ・アンド・テイクするもの」というイメージがあります。それぞれの人にとって、とても〝大きなもの〟〝人生において重大な問題〟と思われていることが多いようです。

でもそれは、本当の「愛」の姿なのでしょうか？

愛を再定義してみましょう。

「愛」は、〝そこらじゅうにあるもの〟だと私は考えています。

たとえば、エレベーターであとから乗ってきた人に「何階ですか？」と聞く。入り口で次の人が通れるようにドアを押さえる。これらは一般的には「親切心」といわれているものです。

自分の心のなかに〝コップ〟があり、そんな小さな「愛」に気づくたびに〝コップ〟に少しずつ「愛」がたまっていく。くりかえし、くりかえし、たまり続けて、やがて満杯になったときに、「愛」が自分の外へ放出される。私はそんなイメージを抱いています。

つまり、誰かに与えたり、与えられたり、ときには他人から奪ったりするものではなく、自分のなかに静かにつくられていく。最小単位の「愛」を見つけることが幸せの第一歩だと思います。

一般的に「愛」とされているのは、空気に窒素や酸素が混ざっているように、実際は「自己愛」と「執着心」と、私がいま述べている「愛」が混ざり合ったものだと言えます。人は相手をそれで縛ろうとしたり、あるいは自分に足りないものを補おうとしたりします。いずれにしても、「愛」は自分の外側にあるという感覚です。

しかし、**本当の「愛」とは自分の内側にあり、ひっそりとためていくものではないでしょうか**。実際には、「愛」の量がどれくらいあるか目では見えません。〝コップ〟のなかにたまっていっても数値で計ることはできませんが、イメージの問題ですから、自分の思い込みで良いのです。

もちろん、恋愛や自己愛・執着心を否定しているわけではありません。人間であれば当然のように生まれる感情です。ただ、ここで述べたように、マーケティング脳を使って「愛」をとらえ直すと、新たな視点で世のなかを見ることができます。

コラム

指輪に彫った「I LOVE ME」

２０１２年、私は人生のどん底にいました。家庭環境は最悪な状況で、メンタルの調子も最低でした。家族がうつ病になり、それを支えようとした私も精神的な病にかかってしまったのです。病院で処方される大量の薬のせいか頭も目もぼんやりしているけれど、２人の子どもたちを不自由させないためにもまず働くしかありませんでした。

周囲からは「大丈夫？」とよく声をかけられたものです。

そんなある日、フェイスラインを囲うように吹き出物ができているのに気づきました。見るからに異常なので、いまだったらすぐに病院に行っていたでしょう。でも、そのときは放置してしまいました。

吹き出物ができたまま友人に会うと、「なんですぐに医者に診せないの？」「もっと自分を大切にしなよ」と叱られて、やっと病院へ行く気になったのです。

自分を犠牲にして子どもを優先することが社会では美徳とされていることもあり、母親は自分のことをあと回しにしがちです。

しかし、母親も人間ですから、いつかは限界が来ます。

自分を犠牲にするということは、「私はあと回しにされても良い人間だ」「それほど価値のある人間ではない」と宣言することになります。

でも、本心ではそう思ってはいないはずです。「大切にされていない」と本当は感じているのです。

客観的な目線で見ると、誰かに大切にされないのは、自分を大切にしていない姿をまわりに見せているからです。自分を大切にするからこそ、他人からも大切にされるのです。

「もっと自分を大切にしなよ」と友人からは叱咤激励されましたが、当時の私は自分をどうやって大切にすれば良いのかわかりませんでした。

たとえば、食事。子どもたちにはきちんとご飯をよそうのに、私は立ったまま食べることさえありました。

友人はこうアドバイスします。

「自分を、自分の子どもの1人だと思いなさい」

私には子どもが2人いますが、子どもの体に不調があれば、迷うことなく病院に連れていくでしょう。子どもを医者に見せないのはおかしいし、子どもに立ったまま食事を食べさせるなんてありえない。自分もそのように扱うべきだ、と言うのです。

友人の話は理屈としては理解できましたが、当時の私は自己犠牲がクセになっていて、実践できそうもありませんでした。

そこで、頭をひねってみました。

当時の私はテレアポの仕事をしていました。仕事中に自分の視界に入るのは自分の手です。自分の指にネイルアートをするのが数少ない楽しみの一つでした。そこで、自分自身に指輪をプレゼントしようと考えました。ネイルアートと同じように、仕事の励みにもできるからです。

さっそくお店に足を運びました。指輪の値段は1万円程度で、文字を刻印してもらうことにしました。

「何を刻印しますか?」

私が選んだ言葉は「I LOVE ME」(私は私を愛する)。

そう伝えたあと「やばいヤツと思われるかも」と思い、これまでの経緯を一生懸命話して伝えました。店員さんがとても良い人で、私の話に真面目に耳を傾けてくれて、最後には共感して涙を浮かべていました。

テレアポの仕事をしているとき、そうやって手に入れた指輪が目に入ると、少しだけ気持ちが楽になっていく気がしました。

それ以来、「自分を大切にする」ことを意識できるようになるまで、指輪をはずすことはありませんでした。

第1章のまとめ

◯ マーケティングとは究極の人間理解である

◯ 自分もマーケティングの対象である

◯ 自己管理を深めて「自分のトリセツ」を作る

◯ 相手の視点を持てば、相手を理解できる

◯「顧客ファースト」を意識する

◯ 打算なくギブする

◯ 目的意識を持ってお金を稼ぐ

◯ 人生の選択肢を増やすためにお金を使う

◯ 自分の選択次第で人生を変えることができる

◯ 本当の愛は自分の心の内側にある

第2章

マーケティング脳を実践しよう［初級編］

マーケティング脳の基礎理論を学んだら、次は実践してみましょう。

この章からは、実際のシチュエーションに沿って考えます。マーケティング脳がある人はどういった行動をとって有益な結果を得るのかを紹介し、思考や発想力を養います。

こんなときあなたはどうする？

シチュエーション 1 60ページ

会社をやめて起業しようと考えているが、調べてみるとさまざまな障害がある。

頭が良い人と悪い人は、どちらがビジネスに向いている？　優秀な人ほど、物事を複雑に考えすぎているかもしれません。

シチュエーション 2 66ページ

数日後、重要なプレゼンがあるため、漠然とした不安を抱えている。

不安を感じるのは人間であれば当然のこと。不安を解消し、結果につながる行動のしかたを解説します。

シチュエーション 3 72ページ

明日の会議までに企画を考えなければならないが、うまくまとまらない。

考えがまとまらないとき、机で頭を抱えていても物事は進展しません。ここで紹介する方法を試してみましょう。

シチュエーション 4 78ページ

上司から頼まれた書類が期日までに仕上がりそうもない。

ビジネスパーソンは、毎日のように大小さまざまな問題に突き当たります。ここでは解決策の見つけ方を紹介します。

シチュエーション 5 84ページ

同僚にLINE でメッセージを送ったが、既読無視されてしまった……。

職場における人間関係は悩ましいものです。ここで紹介する方法を実践すれば悩みは解決するしれません。

シチュエーション 6 90ページ

金額の大きい商談。取引先の反応も良く手応えを感じたが、成約には至らなかった。

仕事で失敗したとき過剰に落ち込んでしまうなら、発想の転換をしてみましょう。意外な思い込みがあるかもしれません。

シチュエーション 7 ▶ **94** ページ

職場で上司に呼ばれ叱責された。機嫌が悪いのか、内容は理不尽なものだった。

> 嫌な気分になればなるほど、自分が得をする。そんな夢のような方法で、理不尽な出来事を乗り切りましょう。

シチュエーション 8 ▶ **100** ページ

いつも理不尽なクレームをつけるお客様がいる。これから、その人に応対しなければならない。

> 嫌な相手と接していると、気持ちも沈んでしまいます。そのような意識を変え、むしろワクワクしてくる方法をお伝えします。

シチュエーション 9 ▶ **106** ページ

新入社員として入社したとき「メモを取れ」と言われたので、いまも実践している。

> 仕事にはさまざまなノウハウがありますが、活かせる人とそうでない人がいます。両者の違いは何でしょう?

シチュエーション10 ▶ **112** ページ

難しいプロジェクトに取り組んでいるが、あちこちで問題が発生し円滑に進まない。

> どんなに自分ががんばっても、報われないことはあります。そんなとき、こんなふうに考えてみては?

シチュエーション11 ▶ **116** ページ

今月は社内会議やプレゼンなど、さまざまな予定をこなさなければいけない。

> ビジネスパーソンにとってスケジュール管理は重要なスキルの一つ。現実と理想をうまくすり合わせるアイデアを紹介します。

頭を使う（その1）

シチュエーション1

会社をやめて起業しようと考えているが、調べてみるとさまざまな障害がある。

マーケティング脳がない人

「うまくいきそうもない」と不安になりあきらめる。

マーケティング脳がある人

「ではどうする?」と考え解決策を練る。

ビジネスにおいては頭が良い人ほど愚かである

「はじめに」でも述べたように、私はマーケティングの分野で起業しました。

起業したその日から経営者や社長になるわけですが、自分が特別に才能にあふれていて高い技能を持っている、などとは思っていませんでした。それに、それまでの人生もうまくいっていなくて、成功する自信もありませんでした。事業のなかでもさまざまな困難を経験しました。

一方で、世のなかで起業するような人は、私と違って「かしこい」「頭が良い」人たちなのだと思い込んでいました。

莫大な利益が期待できる新規事業のアイデアを持っている。大勢の人から信頼を得て人脈をどんどん広げている――それが起業家である、とそんな想像をしていました。

私が起業家の端くれとしてそんなすごい人たちの輪のなかに入っていっても良いのか、正直迷いもあったのです。

しかしながら、実際に起業しようとしている人たちとたくさん会ううちに、当初の想像とは少し違っていることに気がつきました。

たしかに起業を志す人たちは賢くて、頭が良い人ばかりです。

でも、頭が良いからこそ、いろいろ考えすぎてしまい、そこで思考を停止してしまうのです。起業をあきらめてしまったり、起業したとしてもしばらくして事業をやめてしまったりして、結果的にビジネスがうまくいかなくなってしまいます。

優秀であるはずなのに、「自分は起業に向いていない」と思ってしまう。思考を停止するのと同時に行動も停止してしまう。

そういう人は、頭が良いのにその良さを活かしきれていないという意味で「優秀な人ほど愚かである」ともいえます。

「自分は頭が良くない」と思っているならチャンス

私はこれまでの経験からあまり自分の能力に自信がなく、良くいえば自分を過信していませんでした。ですから、**ビジネスがうまくいかなかったとしても「いつものこと」**としてとらえることができました。

その代わり**「では、どうするか?」と考える**のです。うまくいかないことは改善しなければ、ビジネスは成り立たなくなるためです。

もちろん、答えがすぐに見つかるとはかぎりません。答えが見つかるまで「考え続ける」ことが大切なのです。

もしも、あなたが私のように「自分には才能がない」「頭が良くない」「特別ではない」と思っているのなら、むしろチャンスと考えましょう。

なぜなら、**優秀で頭が良い人ほど、複雑に考えるあまり思考や行動を停止してしま**

っているからです。そういう人に差をつけられるかもしれません。

「たくさんのことを考えすぎる」というのは、散らかった部屋にいるようなものです。部屋が片づいていないと、ハサミとかテレビのリモコンとか、「あれ、どこにしまったかな？」と無駄な時間を使って部屋のあちこちを探し回ることになりますよね？

頭のなかも同じで、しっかりと整理整頓をし、「考えるべきこと」と「考えるべきでないこと」を分けておくことが大切です。

では、具体的にどのように頭のなかを整理整頓していけば良いか。次の項で説明していきます。

アドバイス

答えが見つかるまで考え続ける人が仕事や人生で成功する人です

頭を使う（その2）

シチュエーション2

数日後、重要なプレゼンがあるため、漠然とした不安を抱えている。

マーケティング脳がない人

プレゼンのことが気にかかり仕事に手がつかない。

マーケティング脳がある人

思考を紙に書き出し不安の材料を取り除く。

「考える」と「悩む」を取り違えない

前項では、「考え続ける」ことが大切だと述べました。では、「考え続ける」ためにはどうすれば良いのでしょうか？

実は「考え続ける」と口で言うのは簡単ですが、うまくやろうとしても、なかなか難しいものです。**人間の脳は自然にさまざまなことを考えすぎてしまう**ようにできているからです。

それは脳の機能として自分の意志とは関係なく、無意識に働いてしまうものなので、それに抗うことはできません。

しかしそれ以上に問題なのは、「考えすぎてしまう」という自覚がないこと、そして結果に結びつかない事柄について考えすぎてしまうことです。

自分では「考えている」と思っても、実際は「悩んでいる」だけ。頭のなかでネガティブな感情がグルグルしているだけだったりするのです。

そうならないためにひと工夫しましょう。

今日から簡単に取り組むことができ、なおかつ効果の上がる方法があります。それは「自分の思考を紙に書き出す」ことです。


まずノートか紙、それとペンを用意しましょう。

普段使っている手帳でも良いですし、ちょっと高価なノートを買ってきても良いでしょう。ペンも自分が書きやすいものなら何でもかまいません。ちなみに、私は紙ではなくタブレットを使っています。


一日の終わり、あるいは週末などに時間を決めて、頭に浮かんだことを何でも紙に書き出していきます。

書いたものを他人に見せるわけではないので、うまく書こうとせず、自分の好きなように自由に書いていきましょう。嬉しいと感じた出来事、ネット配信で観たドラマの感想、将来やりたいと思っている計画など、何でも良いのです。

「こういうことを書くべき」という制約はありません。ときには会社の上司や取引先の担当者への悪口が頭に浮かぶかもしれません。それも書いてしまいましょう。

書き出す時間は3分でも10分でも、1時間でもOK。これも決まりはありません。このとり組みは習慣化することが大切なので、無理のない範囲で実践しましょう。

紙に書けば行動につながる

ある程度書けたと思ったら、書いたものを見直します。自分がどんなことを考えていたのか（悩んでいたのか）、を客観的に振り返ることができます。

書いたものを眺めているうちに、「自分はどうしたいのか」「どんなふうになりたいと思っているのか」が見えてきます。

また、悪口を書き出したことで、モヤモヤしていた感情も消えているはずです。

たとえば、大切なプレゼンを数日後に控えているとします。

そのことで頭がいっぱいで、大きな不安も感じている。そのことを紙に書き出してみましょう。きっとこうなるでしょう。

- 人の前で話すことに緊張する
- 失敗したら笑われるかもしれない
- 話す内容を忘れたらどうしよう
- プレゼンの資料の内容に自信がなくなってきた
- 特に3ページ目のデータの根拠が弱い
- 質問にうまく答えられないかもしれない
- 深く追及されたらピンチだ
- 失敗して上司に怒られたら嫌だ

不安の原因がわかりましたね。今回の場合は、極度の緊張の原因が失敗への恐怖にあり、その恐怖はプレゼン内容への自信のなさからくるものだと分析できます。

このようにすれば「失敗したらいやだな」と本番まで、ただ不安を抱えながら過ごすのではなく、「データの別の根拠を探そう」など、具体的な行動へとつなげることができるのです。

つまり「失敗したらいやだな」などと考える必要はなく、考えるべきは「うまくいくためにはどうすれば良いか」ということ。紙に書き出すことによって、それが明確になるわけです。

アドバイス

自分の思考を客観視する習慣を身につけましょう

頭を使う（その３）

シチュエーション３

明日の会議までに企画を考えなければならないが、うまくまとまらない。

マーケティング脳がない人

机にかじりつき企画が思い浮かぶまで粘る。

マーケティング脳がある人

いったん考えるのをやめて外へ出て歩く。

考えがまとまらないときは、とにかく歩く

前項では、「考え続ける」ための方法として「紙に書き出す」ことをおすすめしました。ここでは、結果を出すことにつながる方法を他に二つ紹介しましょう。

一つは、「歩く」ことです。これも「紙に書き出す」のと同様に、いまからでも簡単に取り組めますね。

仕事や人間関係のことでモヤモヤしたり、問題の解決法がわからなかったりするときは、とにかく外へ出て歩いてみると、頭がすっきりして突破口が見つかります。

歩くことによって、散らかった頭のなかが自然と整理されていくことがあります。「考えるべきこと」と「考えるべきでないこと」が区別でき、物事の優先順位が見えてくるはずです。

ただ歩くだけでも十分効果がありますが、息が切れる手前の心地よい速さで歩くのが良いと聞き、私も実践しています。

ウォーキングなどの運動をすると、ドーパミンや、気分の高揚をつかさどるβ－エンドルフィンが脳内に分泌されます。

ドーパミンが日常的に分泌されていると、発想力や感情が豊かになるといわれています。また、β－エンドルフィンの働きにより精神的な緊張も和らぐそうです。

たしかに、実際に歩いていると気分が晴れていくのを感じます。

歩いているうちに、本当は問題が解決していなくても、なぜか「なんとかなるはず」と前向きな気持ちになってきます。前向きな気持ちになれば、行動しようとする気持ちもわいてきますから、結果的に問題解決へつながっていくわけです。

〝ビタミン〟と〝麻薬〟でストレスを解消する

気分がうまく晴れないと思考もまとまりません。そんなときは、自分なりのストレス解消法を実践しましょう。

これがもう一つの「考え続ける」ための方法です。

ただし、ストレス解消法には「ビタミン的」と「麻薬的」な方法の2種類ある点に注意が必要です。

ビタミン的な方法とは、たとえば運動やヨガ・瞑想などです。

これらには即効性がありません。実践したからといってすぐに劇的な効果が得られるわけではなく、習慣として継続しているうちに効果が表れてきます。

一方、麻薬的な方法は、飲酒や買い物・ギャンブルなどのことです。

「ストレス解消法」と聞いてあなたはこちらのほうを思い浮かべたかもしれません。こちらの方法を実践すれば、すぐに気分が良くなるかもしれませんが、過剰に行えば心身や金銭面に悪影響を及ぼします。

麻薬的な方法が全面的にダメというわけではありません。ビタミン的な方法だけではストレスが解消されず、仕事や生活が円滑に進まない恐れもあります。

ただ、長い目で見ると、ビタミン的な方法のほうが効果が大きいと感じます。ビタミン的な方法を基本としながら、あくまでも補助として麻薬的なストレス解消法を取り入れるのが良いでしょう。

仕事や人間関係で壁にぶつかり、「前向きにならなくちゃ」と思っても、自分の意志だけではどうにもならないものです。

そのようなときは、歩いたりヨガをしたりして体を動かすなど、基本的にはビタミン的な継続可能な方法でストレスを発散しましょう。

即効性があり強力なストレス解消法は毎日だと効果がなくなってしまいますから、

どうしても頑張りたい大切な機会に有効に使うと良いでしょう。
「思考」と「心身」は連動していますから、**「思考」を整えるには、「心身」を整えることが重要**なのです。

アドバイス

カラダを動かせば止まっていたアタマが動きます

頭を使う（その4）

シチュエーション4

上司から頼まれた書類が期日までに仕上がりそうもない。

マーケティング脳がない人

「期日を延ばしてもらおう」と安易に考える。

マーケティング脳がある人

真の解決策はないか問題を深掘りする。

トヨタの「なぜなぜ分析」とは?

あなたは「なぜなぜ分析」をご存じでしょうか。

日本を代表する自動車メーカー・トヨタが、問題解決の方法として取り入れている思考法です。

たとえば、製造プロセスで問題が生じたとします。原因を調べてみると、機械の操作ミスであることがわかりました。

では、問題の解決策として「操作ミスをしないようマニュアルを見直す」と考えるのが正しいのでしょうか。

「なぜなぜ分析」では、**解決策が見つかったとしても、そこからさらに深掘りしていきます。**

「機械の操作をミスした。それはなぜ?」と問いかけ、「操作したスタッフが疲労していた」ことがわかったりするのです。

それでも分析を終わらせず、再び「スタッフが疲れていた。それはなぜ？」と問いかけます。

すると、「人材不足によってスタッフに負担がかかっていた」「無理なスケジュールで作業することを強いたために焦ってしまった」といった状況が見つかったりします。

つまり、問題の本当の解決策は「人材不足の解消」「適切なスケジュール管理」などになります。

「なぜなぜ分析」をせず、「マニュアルを見直す」ことが解決策だと考えてしまっていたら、同じ問題が生じるかもしれません。

ちなみに、トヨタでは「なぜ？」を5回くりかえすそうです。

「なぜなぜ分析」を習慣化する方法

仕事で解決策がなかなか見つからないときは、あなたも「なぜなぜ分析」をやってみることをおすすめします。

たとえば、「上司から頼まれた書類が期日までに仕上がりそうもない」という問題があったとします。「なぜなぜ分析」をしてみると……

①「それはなぜ？」↓「作成に時間がかかる要素が含まれているから」

②「①になるのはなぜ？」↓「試行錯誤をくりかえす必要があるから」

③「②になるのはなぜ？」↓「上司が書類の完成イメージをどう考えているかわからないから」

④「③になるのはなぜ？」↓「上司と完成イメージを共有していないから」

⑤「④になるのはなぜ？」↓「仕事を頼まれたとき、しっかりとたしかめなかったから」

このように「それはなぜ？」をくりかえしたことで、解決策は「上司と完成イメージを共有する」ことだとわかるようになりました。

とはいえ、「なぜなぜ分析」ですぐに解決策が見つかるとはかぎりません。

そこでおすすめしたいのが、「〇〇できない」と、直面している問題と「それはなぜ?」という問いかけを紙に書いて、普段使っているノートや目につくところに貼っておくことです。私もこの方法を教えてもらい実践したら、大変役に立ちました。

たとえば「いつも遅刻して間に合わない。それはなぜ?」「目標をいつまでも達成できない。それはなぜ?」など、日常の問題からビジネスの問題まで、何でもOKです。

紙を目にするたびに自然と解決策を考えようとしますし、他人に紙を見られると恥ずかしいので、早く解決策を見つけてはがしたくなります。

こうしたプレッシャーによって日ごろから頭を使い続けるようになるわけです。

別の悩みや問題が生じたら、同じように紙に書いて手帳に貼り、思考を止めないようにします。これをくりかえすうちに、あらゆる局面で「それはなぜ?」と考える習慣が身につくはずです。

そうなれば、紙に書いて貼らなくても、自分でも無意識のうちに「なぜなぜ分析」を行えるようになるでしょう。

結果として、問題や違和感を放置せず、課題に対して常に改善を心がけるマインドが身につくはずです。

アドバイス

アタマを使い続けるしくみをつくりましょう

事実と解釈（その1）

シチュエーション5

同僚にLINEでメッセージを送ったが、既読無視されてしまった……。

マーケティング脳がない人

「自分は嫌われている……」と思い悩む。

マーケティング脳がある人

「忙しいのかな」と気長に返信を待つ。

「事実」と「解釈」を分けて考える

たとえば、ＬＩＮＥで仕事の連絡をしたけれど、既読がついているのになかなか返信が来ないとします。こんなとき、あなたはどんなふうに考えますか？

「昨日、ちょっと言い争いになったから嫌われてしまったのかも……」などと思い悩んでしまうのは、マーケティング脳が働いていない証拠です。

自己肯定感が低かったり、物事を客観的に見る習慣がなかったりすると、必要以上に自分に責任を負わせたり、原因を自分に求めたりして、このように考えてしまうのです。

マーケティング脳がある人ならば次のように考えます。

「連絡したけど返信がない」

「事実」としてはっきりしているのはそれだけです。同僚があなたのことをどう思っているのかは、この「事実」からはわかりません。

つまり、「嫌われてしまったのかも」というのは、あなたの勝手な「解釈」にすぎないのです。

同僚が返信してくれないのは、「返信する暇がないほど忙しい」といった理由が考えられますよね。でも、本当の理由はわからないわけですから、気長に返信を待てば良いですし、急用なら電話をしてみれば良いのです。

このように、マーケティング脳を身につけるには、**「事実」と「解釈」を区別し、両者をしっかり分けて考えることが重要です。**

「相手の問題」と「自分の問題」も区別する

別の例を挙げてみます。オフィスで上司からこんなふうに言われたとします。

「君は話すのが遅くてイライラする」

これは、実際に私がかつての上司から言われた言葉です。

他にも「あなたは何も考えていないね」「よくここまで生きてこられたね」などと、その上司には人格を否定するようなことを言われたことがあります。

読者のなかにも、相手から感情的な言動をされた体験をしたことがある人がいるのではないでしょうか。きっと嫌な思いをされたことでしょう。

でも、自分を責めないでください。

もしかしたら、その上司はどこかで嫌な思いをして、その不満を私にぶつけていたのかもしれません。あなたに感情的な言葉を放った人も、そういった情状酌量できる部分があるかもしれません。

でも、それは私やあなたではなく、相手の問題だといえます。

さきほどの話であれば、「話すのが遅い」というのは「事実」だったのでしょう。

もう少し踏み込んで考えるなら、内容を要領良く話せておらず、それが「遅い」と感じられたのかもしれません。だとしたら、素直に受け入れて、もう少し簡潔に伝える工夫をしたり、話をする前にメモを用意したりして淡々と改善していけば良いでしょう。

でも、「イライラする」のは、あくまで相手の感情の問題です。誰しも、自分の感情は自分で処理する必要があり、他人になんとかしてもらおうと押しつけるのは良いことではありません。つまり、言われたほうの努力で解決できる問題ではないのです。

先ほどの「ＬＩＮＥの返信が返ってこない」という例でも、万が一、本当にあなたを嫌って返信をしないのであれば、それは公私混同をする本人の問題ですから、あなたが他人の感情に責任を感じる必要はありません。解決をする当事者は、あなたではなくて相手なので、あなたに非がなければ無理に付き合うことはないでしょう。

このように、「事実」と「解釈」を分けるのと同様に、「相手の問題」と「自分の問題」を分けることもマーケティング脳の働きなのです。

マーケティング脳を持っていれば、相手から理不尽な文句を言われても、「あなたはそう感じるんですね」と、ニュートラルな気持ちで振る舞うことができます。

時間にも心の余裕にもかぎりがあります。

他人の言動に振り回されてそれらを無駄にしないためにも、マーケティング脳で「いま、自分が力を注ぐべきことは何か」ということを見極めましょう。

アドバイス

余計な事柄に気をもまないようにしましょう

事実と解釈（その2）

シチュエーション6

金額の大きい商談。取引先の反応も良く手応えを感じたが、成約には至らなかった。

→

マーケティング脳がない人

「うまくやったはずなのに」と結果とのギャップに落ち込む。

マーケティング脳がある人

「失敗するのは当たり前」と原因を分析し、次回に活かす。

テストの点数が良かった人ほど落とし穴にはまる

あなたは学校で優等生でしたか？　テストの成績は80点以上？　それとも赤点ばかり？　中高生であれば、高い点数の答案を返されたら自分を誇らしいと思うでしょう。反対に、低い点数だったら恥ずかしいと思うかもしれません。

私の感覚では、「会社の仕事で成果を上げたい」「起業してビジネスを成功させたい」と思うような人は、学校では優等生だった人が多いような気がします。

実はそこに落とし穴があります。

「低い点数をとるのは悪いこと」という学校での感覚が抜けず、**ビジネスで〝高得点〟をとれないと恥ずかしいと思ってしまう**のです。

思うだけならまだしも、「自分はダメだ」と考えて、やる気をなくしたり、ビジネスをやめたりしてしまう人もいます。

ビジネスで成果を出すためには、妙なプライドは捨てましょう。「恥をかきたくない」という思いはビジネスでは障害になります。

ビジネスでは低い点数は当たり前

なぜ低い点数をとると恥ずかしいのか。それは、**いまの自分の実力が合格点にあると思い込んでいるから**です。自分は90点を取れると思っているから、30点の結果が出ると、その落差にショックを受けてしまうのです。

しかし、ビジネスでは、最初は低い点数でも良いのです。

むしろそれが当たり前。そこからいかに点数を積み上げていくかを考えることで成果につながっていきます。

たとえば、あなたが営業に出かけたとして、思うような成果を上げられなかったとします。つまり、低い点数の〝答案〟が返ってきたわけです。だからといって、落ち込んだり、「自分は営業に向いていない」などと気に病んだりする必要はありません。

先輩に相談すると、「表情が硬いな。『俺はトップセールスマンだぞ』という顔で臨めば良い」などとアドバイスをしてくれるかもしれません。アドバイスを素直に受け入れて実践し、少しずつ改善していけば、点数も上がっていくはずです。

マーケティング脳を身につけている人は、自分の感情に振り回されません。悪い〝答案〟を突きつけられて嫌な気持ちになってしまうのは自然なことです。しかし、そこで行動を止めてはいけません。自分の「感情」と、客観的な「事実」はしっかりと区別しましょう。

アドバイス

ビジネスは赤点をとるところからがスタートライン

嫌な状況に対処する

シチュエーション7

職場で上司に呼ばれ叱責された。機嫌が悪いのか、内容は理不尽なものだった。

マーケティング脳がない人

嫌な気分のまま一日を終える。

マーケティング脳がある人

「これは〝労災〟が下りる」とワクワクしながら一日を過ごす。

職場で嫌な目にあったら〝労災〟が下りる

私がかつて務めていたのは、いわゆる〝ブラック企業〟でした。毎日のように理不尽なことが起こりましたが、起業したいという夢があり、すべてを吸収しようという考えがあったので、やめようとは思っていませんでした。

そんな会社に勤めているとき、私はある工夫をしていました。それは「セルフ労災制度」。自分にふりかかる災難に「大」「中」「小」のランクをつけ、嫌なことがあるたびに、ランクに応じて自分に〝労災〟と称したご褒美をあげるのです。

といっても、〝労災〟に大金をかける余裕はありません。そこで、「小」はレンタルDVDを1本借りて良いことにする。「中」ならモスバーガーのハンバーガーを食べる。「大」は2000円まで書籍を買う、ということにしました。2000円の出費は痛手でしたが、会社をやめて収入が途絶えるよりはマシだと考えたのです。

たとえば上司から何か小言を言われたとします。

相手の言葉を聞き流しつつ、頭のなかで「ああ、これは『小』だな」「これなら『中』までいける」「もっとひどいことを言えば『大』になるのに」などと算段を立てていました。「もっとこい！　そうしたらハンバーガーと本までいけるぞ」と、内心ワクワクすることさえありました。

嫌なことが起こるほど自分が得をする

いまは会社をやめて独立しているわけですが、それでも嫌な出来事や対応のしかたが難しい事柄に遭遇することがあります。早く作業をしないといけない場合や、税金の事務作業をしたり、銀行とやりとりしたりするときなどは、組織に所属しているとなかなか1人で行うことがなかったので、難しい分ストレスも感じます。

他にも、何か新しい商品・サービスをつくりあげたり、苦手な作業には骨が折れます。

そのようなときのために、〝労災〟の内容を見直しました。

当時よりお金はあるので、ハイブランドの小物を買うことを自分に許したりもしますが、それよりも嬉しいのは「丸一日休む」「4時間YouTubeのゲーム実況を見る」というものです。自由時間ほど楽しいものはありません。

つまりこのように、「セルフ労災制度」があれば、**嫌なことが起これば起こるほど自分が得をする**という逆説的な状況が生まれるのです。

なぜこの「セルフ労災制度」を思いついたか。

細かいことは覚えていないものの、私が子どものころ、テレビゲームに夢中になっていたことが関係していると思います。

当時は「ゲームをやりすぎると頭が悪くなる」と良い顔をされなかったのですが、いま思うと、ゲームで養った感覚はビジネスやマーケティングに役立っていると感じることがあります。

テレビゲームでは「ボスキャラを倒すのは難しいが、倒せばたくさんお金や経験値を得られる」といった逆説的な設定がいくらでもあります。

ゲームの制作者はそのような設定を苦心してつくっているわけですが、優れた作品には、人間の心理や行動原理、現実世界の社会構造などが反映されています。したがって、ビジネスやマーケティングも、いわばゲームをプレーする要領でしくみを考えていくとうまくいくことが多いのです。「セルフ労災制度」はまさにその一例と言えるでしょう。

さらに、会社での仕事でも、ゲーム感覚というのは役立つと思います。たとえば、失敗すること。ゲームの世界では進め方を間違ってしまうとゲームオーバーになりますが、何度だってやり直すことができます。それに、失敗する度に攻略方法がわかってくるものです。

ほかにも、お客様と良好な関係を築くことを攻略に見立てたり、上司や先輩社員に情報共有することをデータをセーブすることに見立てたり。さまざまに見立てて楽しむことで、仕事が面白くなるかもしれません。

困難を突破する方法や、効率的に利益を得るしくみなどを考える際は、あなたもゲーム感覚で取り組んでみてください。

アドバイス

ビジネスは〝ゲーム〟だと思えばうまくいきます

人を見る

シチュエーション8

いつも理不尽なクレームをつけるお客様がいる。
これから、その人に応対しなければならない。

マーケティング脳がない人

どこか逃げ腰のまま
嫌々ながら話を聞く。

←

マーケティング脳がある人

「この人の別の面を見てみよう」と素直に
話を聞く。

どんなに極悪人でも、良い面があるかもしれない

手塚治虫の『火の鳥』という作品を知っていますか？

『火の鳥・鳳凰編』の主人公の1人である我王は、生まれてすぐに右目と左腕を失いました。そのことで迫害を受け、盗賊として悪行のかぎりを尽くしていましたが、やがて改心し仏師として生きるようになります。

私が着目したエピソードは、我王の二面性を表したお話です。

我王が盗賊だったころ、川に落ちたてんとう虫を助けるエピソードがあります。人を殺すこともいとわない我王が、たった1匹の虫の命を救った——我王のような極悪人にもやさしい一面があったわけです。

このように、人にはさまざまな顔があり、会社や家庭、友人関係といったシチュエーションや、その人の精神的な状況によって、見せる顔が変わるのです。

特に、この作品を読んで私は「**人は多面体である**」ことを意識するようになりました。

私が携帯電話ショップで働いていたときの話です。

頻繁にクレームをつけにお店にやってくるお客様で中年の男性がいました。「水に浸けたら壊れたぞ！」と理不尽なことを言ってくるのです。そんなお客様に何度も応対するのは正直にいうと苦痛でしかたがありませんでした。

あるとき「人は多面体である」ことを思い出し、「**このお客様にも良い面があるかもしれない**」と考えてみることにしました。

すると、クレームを聞くのがそれほど苦痛ではなくなったのです。

それまでは、そのお客様と接するのはどこか逃げ腰だったのですが、素直に話を聞くことができました。

実はその携帯電話はその方の娘さんのものだったそうです。

店員である私たちからしたら困った人ですが、娘さんには自分を守ろうとしてくれる「頼もしい父親」だったかもしれません。

こんなふうに「人は多面体である」ことを意識すると、心に余裕ができて、仕事や生活がうまくいくことがあるのです。

人の別の面を見つけるために「興味を持つ」

「人は多面体である」ことがわかっていたとしても、別の面を見つけることは、実際はなかなか難しいものです。

なぜなら、どのような人も初対面の印象や、自身の思い込みに縛られるからです。

そのため、私はどんなに嫌な人であっても、別の面を見つけるために「その人に興味を持つ」ことを心がけています。

仕事に関することしか話さないような相手にも、家族や趣味などを聞いてみます。

たとえば、会社でやり取りしているときは、とても神経質な人だと思っていたけれど、実は家族といるときはズボラで、信じられないような失敗をしている。

こんなふうに、その人の普段とは異なる面がわかると楽しくなってきます。

「興味を持つ」は「好奇心を抱く」「人にワクワクする」と言い換えても良いかもしれません。

「興味を持つ」ことはマーケティングにおいても大切にされています。

商品やサービスを売る際、お客様の話を聞くことが必要ですが、相手に興味を持たずに〝聞いたふり〟をするだけでは、その態度を見透かされ、うまくいかないでしょう。相手のことを心の底から知りたいと思うからこそ、その誠意が伝わるわけです。

「人にワクワクする」ようにしていると、自分のまわりに嫌な人がいなくなるメリットもあります。そうすると、幸福感を持つことができます。

また、自分が「嫌だ」と思っていなければ、その気持ちが相手にも伝わり、実際に嫌な振る舞いをしなくなるかもしれないのです。

アドバイス

人をさまざまな面からとらえ直すとより深く理解できるようになります

シチュエーション9

新入社員として入社したとき「メモをとれ」と言われたので、いまも実践している。

マーケティング脳がない人

メモをとることの意味は考えず習慣として実践している。

マーケティング脳がある人

ときどきメモをとることの意味を見直し、実践法も修正していく。

ノウハウを活かせる人と活かせない人の違いは？

私は起業家を対象にしたスクールで、さまざまなノウハウを教えています。

たとえばSNSの集客では、読み手のペルソナ（人物像）を考え、その人の役に立つ情報を発信するように、生徒にアドバイスするわけです。

ところが、同じノウハウを実践しても、人によって短期間で結果が出せる人と、がんばっているのに時間がかかってしまう人がいます。

前者は、**ノウハウの一つひとつを〈点〉でとらえるのではなく、〈点〉と〈点〉がつながった〈線〉に見えているる**のだと気づきました。

私は可能なかぎり〈点〉が〈線〉になるようにお話ししていますが、実際のビジネスの現場では、教える側がそこまで意識しているケースは多くないでしょう。

たとえば、会社で上司や先輩が新入社員に対して「話を聞くときはメモをとれ」とアドバイスするとします。

新入社員は言われたとおり、上司に呼ばれたらメモ帳と筆記用具を持ち、話を聞こうとするでしょう。しかし後日、「○○の件どうなった?」と聞かれたのに、「何の件でしたっけ?」と聞き返してしまう。

新入社員は「メモをとる」というノウハウは実践しましたが、それを〈点〉としてとらえていただけでした。〈線〉になっていれば、メモをとったあと、事あるごとに見返したり、メモにもとづいて予定をスケジュール表に書き込んだりしたはずです。

新入社員であればしかたがないかもしれませんが、実際は上司が〈線〉にするところまで教えてくれる会社は少ないのではないでしょうか。

時間が経つと〈線〉が消えていくかもしれない

ノウハウが〈点〉から〈線〉になれば安心かといえば、実はそうではありません。いったん身についたノウハウも、時間が経つにつれて効果がなくなっていくことがあるのです。

一度つながった〈線〉が消え、〈点〉と〈点〉に戻ってしまうイメージです。

先の例では、上司から話を聞いてメモをとり、スケジュールに書き込んではいましたが、いつの間にか機械的に行うようになっていました。

メモをとることの本来の意味は、上司の話をもとに作業に優先順位をつけ、仕事を円滑に進めることですが、いつしかそのことを忘れていましたよね。

そのため、納期に間に合わなくなるなどのミスを犯してしまうのです。

つまり何が起こっていたのか、マーケティング脳でもう一度考えてみましょう。

本来は理解するための手段であったはずのメモが、「自分は〈点〉と〈点〉をつなげて〈線〉にしたぞ」という慢心によって目的にすり替わっていたのです。

これを防ぐには「**実は自分はわかっていないかも**」「**そのうち〈線〉が消えてしまうかも**」**と意識しておくことが重要**です。

たとえば「なぜメモをとる必要があるか知っていますか？」と聞かれたときに「知っていますよ」と答えるのではなく、「もしかすると自分の知らない意味があるのかも」と考え「教えてください」と、新しいことを学ぼうとする態度が大切なわけです。

何かノウハウを教えてもらったら、まず〈点〉と〈点〉を〈線〉にする（＝ノウハウの意味を深く考える）ことを意識し、なおかつ時間が経っても〈線〉が消えないようにする（＝自分の理解が本当に足りているか点検する）ことを心がけるようにしましょう。

人を教えたり導いたりする立場であれば、いま行っている作業の先に、いったい何がゴールとして待っているのかといったワークフローの理解や、何を目的としているのか、といったことをなおざりにせず情報共有すると良いでしょう。
そうすれば、相手も目的と手段をたがえずに自分の仕事に集中できるので、生産性が上がるかもしれません。

アドバイス

ノウハウは常にアップデートすることが大切

仕事を
楽しくする

シチュエーション10

難しいプロジェクトに取り組んでいるが、あちこちで問題が発生し円滑に進まない。

マーケティング脳がない人

「こんなにがんばっているのになぜ報われないんだ」と不満を募らせる。

マーケティング脳がある人

「難しいステージに来たな」とテレビゲームをプレイする感覚で仕事を楽しむ。

ビジネスはゲーム感覚で取り組むとうまくいく

世のなかにビジネスパーソンはたくさんいますが、心の底から「仕事が楽しい」と思っている人は多くないようです。「お金のため」とか「家族のため」「将来のため」といった理由で、嫌々ながらも仕事に取り組んでいる人もいるのではないでしょうか。94ページで述べたように、秀でた才能や技術など持っていなかった私でも現在のように起業に成功したのは、ゲーム感覚で仕事をしていたからだと考えています。

実際、成功している人々は、まるで遊んでいるかのような楽しい感覚でビジネスに取り組んでいる人も多いのです。

何度も書いているように、私はこれまで万事がうまく運んだわけではありません。何をやってもうまくいかず、失敗ばかりしていた時期もあります。そんなとき友人から言われた言葉が印象的でした。「ステージが変わっただけだ」という言葉でした。

ゲームでは、ステージが進んでいくと難易度が上がっていくのが一般的です。私は『スーパーマリオブラザーズ3』というアクションゲームが大好きなのですが、初めて訪れるステージを1回プレーしただけではクリアできないこともあります。それでも同じステージを**くりかえし挑戦するうちに方法が見つかり、クリアできるようになる**のです。

ビジネスも同じです。少なくとも私はゲームの難解なステージをクリアするつもりでビジネスに取り組んでいます。たとえ大きな失敗をしたとしても「ゲームオーバーになっただけ」と考え、めげることなく挑戦を続ける。「こうすればうまくいくのでは？」と仮説を立て、実際にやってみて検証し、〝必勝パターン〟を探っていく。ゲームを攻略するのとまったく同じです。良い意味で深刻さを感じなくて済むのです。

努力は自分自身が見てさえいれば良い

ゲーム感覚で挑戦を続けて、がんばったとしても、仕事で必ずしも結果が出て報われるとはかぎりません。しかし、私は、自分ががんばっていることを、誰よりも自分が知っていることが大切なのではないか、と思っています。

かつてコーチングをしてもらった人から言われた言葉があります。「3歩進んで2歩下がっても、5歩進んだことになる」という言葉です。

他人から見れば1歩しか進んでいないように思えます。でも、自分ではたしかに5歩動いたのです。他人には1歩にしか見えないからと1歩しか歩かないより、**たとえ1歩という結果しか残らなくても5歩歩いたほうが成功の確率は上がる**はずです。

アドバイス

他人に評価を求めると不満は解消されません

時間管理のコツ

シチュエーション11

今月は社内会議やプレゼンなど、さまざまな予定をこなさなければいけない。

マーケティング脳がない人

スケジュール表に予定をびっしり詰め込む。

マーケティング脳がある人

スケジュール表に仕事以外の時間を2割ほど設けておく。

2割のアリが怠けている？「働きアリの法則」の秘密

イソップ童話の「アリとキリギリス」はあまりにも有名なお話ですが、その影響か、私たちは「アリは働き者」というイメージを持っています。

でも実際は、巣のなかで働いているのは8割のアリで、あとの2割はサボっているそうです。

働いているアリだけを集めて巣をつくって実験してみると、なぜか働いていたはずのアリの2割がやはりサボってしまうのです。

なぜ2割のアリは常にサボってしまうのでしょうか？

実は巣が外敵に襲われるなどのピンチに見舞われたとき、働いているアリの代わりに、サボっていたアリが外敵に対処します。つまり、いざというときのために2割の余力を残しているわけです。

このアリのしくみは、人間である私たちの仕事や生活のさまざまな局面に応用できるでしょう。

私は、「緊急事態に備えてスケジュールを8割しか埋めない（2割の余裕をつくっておく）」というふうに「働きアリの法則」を実践しています。

一見するとムダに思える2割の時間も、実は8割の時間に貢献していると考えるのです。

大切なものを先に入れておかないと入らなくなる

スケジュールに2割の余裕をつくるといっても、実際は簡単ではありません。

こんな話をご存じでしょうか。ある大学教授が「クイズの時間だ」と言って教卓に壺を置きました。壺に石を一つずつ入れていき、石が入らなくなったところで学生に聞きます。

「この壺は満杯か？」

学生が「はい」と答えると、教授は砂利を取り出し壺に入れていきます。砂利が入らなくなり「この壺は満杯か？」と聞くと、学生は「たぶん違う」と答えます。

教授は砂を壺に入れてから同じ質問を投げかけます。「いいえ」と学生が答えると、教授は壺に水を入れ始めます。

「私が何を言いたいかわかるか？」と尋ねると、学生は「どんなにスケジュールが厳しくても、努力すれば予定を入れられる」と答えます。

教授の答えは「それは違う」

教授が言いたかったことはこんな言葉でした。「大きな石を先に入れないと、それを入れる余地がなくなってしまう」。

この話から得られる教訓は何でしょう。「**自分にとって大切な予定を先に入れないと、スケジュールに入らなくなる**」ということです。

私は起業したばかりのころ、働かない時間をつくるのが怖くて、平日と休日の区別もなく仕事をしていました。

しかし、いまではスケジュールを組む際、まず休みの日から入れていくようにしています。

いまの私にとって「大切なもの」とは、海外でビジネスをするために英会話を勉強することであったり、健康を維持するためジムに通うことであったりします。

そこで私はスケジュールを立てるとき、仕事よりも先に英会話やジムの予定を先に入れてしまうのです。私が実際にやっている方法を122ページで説明します。ぜひ参考にしてください。

アドバイス

仕事以外の2割の時間で緊急事態にも対処できます

スケジュール表は二つつくろう

「理想スケジュール表」と「リアルスケジュール表」の二つのカレンダーを用意します。最初に「理想」のほうに自分の予定（休みや習いごと、遊びなど）を入れます（私の場合は1年分をあらかじめ決めてしまいます）。仕事の予定は「リアル」に書き込みますが、「理想」を見ながら、自分の予定とは重ならないように調整します。仕事の状況によっては、自分の予定を変更する場合もありますが、なるべく「リアル」を「理想」に近づけましょう。

理想スケジュール表

7月

Mon	Tue	Wed	Thu	Fri	Sat	Sun
1	2	3	4	5	6 休	7 休
8	9	10 休 ライブ	11	12	13 休	14 休
15	16	17	18	19	20 休	21 休
22 休 映画	23	24	25	26	27 休	28 休
29	30	31	1	2	3	4

まず自分の予定を入れてしまう

※会社勤めの人は、「休み」ではなく「定時で帰る日」などとしてもOK

この方法に慣れてくると、「理想」と「リアル」の予定がほとんど同じになり、両者の区別がつかなくなっていきます。「理想」をイメージすることによって無意識のうちに自分の行動が変わり（仕事を効率化して早く終わらせるようになる、など）、「リアル」が「理想」に近づいていくのです。

リアルスケジュール表

7月

Mon	Tue	Wed	Thu	Fri	Sat	Sun
1 通常業務	2 通常業務	3	4	5	6 休	7 休
8 通常業務	9 通常業務	10 休 ライブ	11 打ち合わせ	12 通常業務	13 休	14 休
15 通常業務	16 通常業務	17	18	19	20 休	21 休
22 プレゼン	23 休 映画	24 通常業務	25 通常業務	26 通常業務	27 休	28 休
29 通常業務	30	31	1	2	3	4

自分の予定がある日は仕事を入れないようにする

自分の予定はマーカーなどで目立たせると良い

どうしてもはずせない用件が入っても日にちをずらして「理想」に近づける

コラム

19年ぶりに会った父は余命4カ月だった

ある日、伯母から電話がありました。

「あんたのお父さん、あと４カ月の命だそうだ」

それまで父とは19年間会っていませんでした。その後、父から電話がかかってきたのも驚きでしたが、余命４カ月という事実にも衝撃を受けました。

父は「体はともかく、精神はなんともない」「神様に会うのが楽しみだ」などと語っていました。

父と面会する日。どれほど弱っているのだろうと緊張しましたが、実際に会ってみると、いたって元気な様子。健康な人にしか見えませんでした。

変わったことといえば、子どものころ、父はとても大きな存在でしたが、19年ぶりに会った父は、私より少し体の大きいだけの人に思えました。

私たちは焼肉屋に入りました。父はすでに肉を食べられる健康状態ではなかったようでしたが、「食べろ、食べろ」と私のために肉を焼いてくれました。そのとき私は、自分が5歳のころに戻ったかのような、なつかしい感覚を覚えました。

他に印象的だったのは、帰り際に私にお小遣いとして1万円くれたことです。

父とはずっと疎遠でしたから、私の人生には関係ない人だと思っていました。

でも、父のほうは私のことをずっと覚えてくれていたのです。

もしも父の人生に私が無関係だったなら、そもそも電話してくることもなかったでしょう。父が私のことを忘れないでいてくれたこと、自分が心の底でずっと父を待っていたことに気づき、自然に涙が出てきました。

そのあとも4回ほど父は会いに来てくれて、2時間くらいいっしょに過ごしました。

私のなかで「父との縁はこれでもう十分」と、何かが果たされた気持ちになりました。

父は宣告どおりに4カ月で亡くなりました。その場に私は居合わせませんでしたが、お葬式には足を運びました。私のほうから会おうとしなかったのは、いまから思えば、大きな存在だった父が弱っていくのを見たくなかったのかもしれません。

父は海外で事業を営んでいたため、さまざまな国から友人・知人がたくさんお見舞いに駆けつけたそうです。破天荒な人でしたから、父を嫌っていた人も多くいたはずなのですが……そういう人は父のそばにはいませんでした。

そんな父の様子を見て、私は「人生って、好きなことをしても良いんだ」と思いました。

父の人生はけっして長くはありませんでしたが、同情や哀れみの感情は湧いてきません。というのは、父の64年の人生は100年生きた人よりも濃いものだったに違いないからです。

自分の命はいつ尽きるのか。それを正確に予測できる人はいません。数十年後かもしれないし、5年後かもしれない。来年・来月・明日……という可能性だってあります。そんなことは誰でも知っているはずですが、不思議なことにみんな普段は忘れているのです。

人生において「時間」とは、自分の「命」そのものと考えることができます。ようするに、ムダなことをしている時間は私たちにはないのです。父の人生から、改めてそのことを教えられました。

「いまこれに自分の命を使っても良いか？」

ことあるごとに自分自身にそう問いかけています。

焼肉屋で父からもらった1万円札は、ずっと大切に取ってありましたが、会社を設立したとき、口座にその1万円札を入金しました。起業家としてうまくやっていける「お守り」として。

第２章のまとめ

◯ 解決策が見つかるまで考え続けてみよう

◯ 迷いや悩みを紙に書き出して客観視しよう

◯ 行き詰まったら歩くと脳が整理できる

◯「なぜなぜ分析」を習慣にしよう

◯「事実」と「解釈」を分けて考えよう

◯ 低評価でも、結果をうけとめて努力を重ねれば成果が出る

◯ ビジネスをゲームに見立てよう

◯ 人にはさまざまな面があると知ろう

◯ 一度覚えたノウハウを点検しておこう

◯ 自分で自分の努力を認めてあげよう

◯ スケジュールに2割の空きをつくろう

第3章 マーケティング脳を活かそう［中級編］

第２章ではマーケティング脳の実践的な使い方を紹介しました。

本章では、さらにもう一段階踏み込んでビジネスの現場で使われている考え方を紹介します。

こんなときあなたはどうする?

シチュエーション15 146ページ

「このチームは心理的安全性が保たれている」と、チームリーダーとして仮説を立てた。

数値やデータでは証明できない仮説はどうやって検証する? このようなときもマーケティング脳が役に立ちます。

シチュエーション16 150ページ

会議で自分の考えとは異なる意見が出た。その意見が採用されると良くない結果になるかもしれない。

意見が対立するのはビジネスの現場ではよくあること。そのようなときに成果につながる考え方・行動のしかたを解説します。

シチュエーション 17 156ページ

新しいネットサービスが話題になり、企業の多くが導入し始めている。

安易にブームに乗ろうとするとどうして危ないのか、その理由をマーケティング脳で考えます。

シチュエーション12 132ページ

営業の電話を何件もかけなければいけないが、やる気が出ない。

誰でも気の進まない仕事がありますが、マーケティング脳を働かせれば、どのような仕事にも前向きになれます。

シチュエーション13 138ページ

チームで「年間1億円を売り上げる」という目標が掲げられた。

どんなに大きな目標でも、一歩一歩着実に進めていけばたどりつけます。そのために必要な計画の立て方を解説します。

シチュエーション14 142ページ

スケジュール管理術の本を読み、さっそくアプリをダウンロードした。

物事にうまく対応できる人とそうではない人がいるのはなぜでしょう? その疑問を解く鍵は「構造理解」にあります。

シチュエーション18 162ページ

英会話スクールに通っているが、なかなか英語力が身につかない。

学校を卒業し社会人になってからも勉強することは大切。でも、ある意識を持っていないと、選択を間違え、時間もお金もムダになります。

シチュエーション19 168ページ

この仕事は自分に合わないので、会社をやめようと思うが……。

会社をやめたいとき、もしもなかなかやめさせてもらえない職場だったら？　あることに気づいたら、心を強く持てるはずです。

シチュエーション20 172ページ

これから取り組もうとしている新規事業について、ターゲット層に受け入れられるか議論している。

ビジネスの現場で議論する際、つい陥りがちな状況を解説します。行き詰まりを打破し、次の段階へと進むことができます。

シチュエーション21 176ページ

チームで一丸となってプレゼン資料をつくる。自分はデータを提示するページをまかされた。

チーム全体のパフォーマンスを上げるため、メンバーの1人として何をすれば良いかを解説します。

シチュエーション22 182ページ

上司から仕事を頼まれ「いつできる?」と聞かれた。3日ぐらいで仕上がりそうだが……。

相手の期待を上回り、実力を認めてもらうことができる方法をお教えします。

シチュエーション23 188ページ

セミナーを受講したり書籍を読んだりして、知識を身につけようと考えている。

人間心理の観点から、他の人に差をつけて、大きく成長できるポイントを紹介します。

やる気を出す方法

シチュエーション12

営業の電話を何件もかけなければいけないが、やる気が出ない。

マーケティング脳がない人

「嫌な仕事だなあ」と思いながら一日ずっと憂うつな気分で過ごす。

マーケティング脳がある人

仕事の前に「アポイントがとれて嬉しい」とイメージし、意気揚々と電話をかける。

毎朝、その日に得たい感情を先取りする

ビジネスパーソンとして働いていると、いま取り組んでいる仕事が「楽しい!」と思えることもありますが、苦手なことや、気が進まない作業も出てきますよね。

私がテレアポの仕事をしていたとき、明らかにつらそうな様子で仕事をしている人がほとんどでした。それでは毎日がまったく楽しくないし、だんだん心も病んでしまうので、やめていく人も多かったのです。

そんな環境で、私はこんな工夫をしていました。

毎朝カフェに寄り、席に座って瞑想をします。「今日はこんな気分で終わろう」とイメージするのです。たとえば、今日は作業はスムーズだった、お客様から感謝されて嬉しかっただとか、そういうふうなイメージです。

もちろん、頭のなかで想像しているだけですから、実際に起こった出来事ではありません。でも、「嬉しい」「楽しい」という感情を先取りすることで、実際にポジティブな状態をキープしやすくなるのです。

感情がプラスに傾いていることで、電話口での対応も良くなり、お客様に好印象を与えられ、「ありがとう」と言ってもらえる可能性も高まります。

まわりの人たちと比べて、意気揚々と仕事に取り組んでいますから、成果も出しやすく、私はずっと上位の成績を保っていました。

「こうなりたい」という結果から、行動のプロセスを導き出す思考法、もしくは能力を、私は「逆算思考」と呼んでいます。

逆算思考はマーケティング脳の根本的な力といっても過言ではありません。マーケティング脳を身につけることで、この力も手に入れることができます。

「逆算思考」でトラブルをチャンスに変える

これは私がオンラインセミナーを開催したときの話です。とあるコワーキングスペースを借りて配信していたのですが、そこは通信状況が悪い施設でした。しかも、隣の部屋が騒がしく、音声がお客様にうまく届かなかったのです。

案の定、クレームが入ってしまいました。せっかくお金と時間をかけて出席してくださったのですから、おっしゃることはもっともです。

仕事をしていれば、誰でも大なり小なりミスを犯します。でも、落ち込んでうずくまる前にやれることがあります。

私はこのミスをしたとき、「このミスがあって良かったと思える結果は何か?」と考えました。

このとき私は、まさしく、結果から「逆算」をしていました。

先のセミナーでは「お客様が満足して終える」ということを最終的な目的としました。

「先ほどは失礼しました。お詫びに、当スクールでしか視聴できない動画をプレゼントします」などとお伝えすると、安心してもらえたのか、後半にいくほどセミナーは盛り上がっていきました。

実はあとから知ったのですが、「大丈夫かな?」「セミナーを無事に終えられるかしら?」などと、参加者の立場であるのにもかかわらず、主催者の私に共感して、同じようにドキドキしていた人もいたのです。なんと心やさしい方々でしょうか。

私は「こういった人たちの役に立ちたい。ぜひ私のお客様になっていただきたい」と思いました。そしてこれを念頭において行動を続けた結果、いまの私のスクールにはそういう方々がたくさん来てくれます。

「災い転じて福となす」ということわざがあります。

結果から「逆算思考」で行動すれば、トラブルが起こったとしても「失敗しただけで終わる」ということがなくなるのです。

アドバイス

最終的な目標から自分がするべきことを逆算しましょう

目標の立て方

シチュエーション13

チーム で「年間1億円を売り上げる」という目標が掲げられた。

マーケティング脳がない人

途方もなく大きな金額に現実感を持てない。

マーケティング脳がある人

逆算思考で月間・週間・1日の目標を定める。

大きな目標から逆算して中間の数値を定める

前項では「こうなりたい」という結果から行動するプロセスを導き出す「逆算思考」を学びました。このように、目標達成のためにはデータや数字をもとに行動していくことも有効です。

ビジネスの現場では、〝ＫＰＩ〟（重要業績評価指標）という概念が用いられます。大きな目標を達成するのに必要な、中間の達成度合いを評価するための指標です。

たとえば、チームで1年間に1億円の売上を目標にしたとします。そのためには1カ月あたり約830万円売り上げなければいけません。

さらに、1週間にいくら売上が必要なのかも割り出しましょう。200万円近く稼ぐ必要があることがわかります。

このように計算すると目標金額を達成するために、どの商品を何人のお客様に買ってもらわなければいけないかがわかり、そのためには自分はどのくらいのお客様に声をかければ良いか……というように、**日々の行動の指針が明確になる**わけです。

「1年間に1億円の売上」というのは途方もない数字に思えるかもしれませんが、「逆算思考」によって1年間の目標金額を月間・週間の数値に分解してみると、あながち達成不可能ではないとわかりますね。

数値化できない目標も期限を決めれば数値化できる

たとえば、あなたが転職し新しい職場で働くことになった、あるいは新しいプロジェクトチームに加わることになり、見知らぬ人と仕事をすることになったとしましょう。仕事をスムーズに進めるために、「メンバーと良好な関係を築く」という目標を立てたとします。

「良好な関係」というのはデータ化・数値化できるものではありません。このような数値化できない目標を達成しようとする場合、「逆算思考」は使えないのでしょうか？　いいえ、使えます。

「メンバーと良好な関係を築く」を「逆算」してみましょう。まず、「1カ月後に雑談ができる関係になる」などと〝KPI〟を定めます。ここでのポイントは「1カ月後」と具体的な数字を入れていること。いわば目標を数値化したわけです。
「良好」かどうかは人によって解釈が分かれてしまいますが、「雑談ができる関係性」は客観的な事実として捉えられますから、「雑談ができる」は「良好な関係」よりも具体的になっています。

数値化した中間目標を定めることで、毎日どのような行動をとれば良いかわかるため、漠然とした思いを抱きながら不安な日々を過ごすよりも、最終目標が実現する可能性が高まるわけです。こんなふうにマーケティング脳を働かせれば、自分の悩みも解決できるようになっていきます。

アドバイス

目標から逆算して一日の行動や中間目標を設定しましょう

物事の裏側を見る

シチュエーション14

スケジュール管理術の本を読み、さっそくアプリをダウンロードした。

マーケティング脳がない人

アプリを使いこなせずうまくスケジュール管理ができない。

マーケティング脳がある人

紙の手帳のほうが自分に向いているとわかり、本のノウハウを手帳に応用した。

トイレの詰まりを一発で解消するコツ

私が実家に帰ったときの話です。母がトイレでガタガタと音を立てています。「何をしているんだろう?」と思って覗《のぞ》いてみると、スッポン（ラバーカップ）を手にしながら、便器のまわりを水浸しにしていました。トイレが詰まってしまった様子です。母は「もう、全然取れないのよ!」とイライラしながらスッポンを一生懸命動かしていますが、詰まりが解消される気配はありません。私は業を煮やして、「貸して」と母からスッポンを取り上げると、便器にゆっくりとスッポンを押し当て、力強く一気に引きました。すると、1回で詰まりが取れたのです。

スッポンを操るポイントは、便器のなかを真空状態にすること。そのあと勢い良く引っ張ることによって水が逆流し、詰まっていたものが取れるしくみです。母は説明書通りにスッポンを使ってはいたのでしょう。しかし、トイレの構造や詰まりがとれる理屈を理解していないために、まったく効果が出なかったのです。

トイレの詰まりなら笑い話で済みますが、実はビジネスにおいても、**構造や理屈を理解せずにうわべだけを真似ているために、うまくいかないケースが多い**のです。シチュエーション14の内容も、マーケティング脳がある人・ない人の差はこの点にあります

キャバ嬢がトイレの前でおしぼりを持って待つ理由

別の例を挙げてみます。キャバクラでは、お客様がトイレに立つと、キャバ嬢がトイレのドアの前で温かいおしぼりを持って立っているそうです。お客様が用を足して「そろそろ帰ろうかな」という気分になっても、甲斐甲斐しくおしぼりを渡されると「もう一杯飲んでから帰ろう」と思うからだそうです。

ここで理由を考えず、「マニュアルにあるからおしぼりを渡すだけ」でいても、この効果は発揮されないそうです。

このような差がつくのはなぜか。その原因の一つは、スッポンの話と同様にやり方

はわかっているけど、その本質にある構造や理屈を理解していないことではないでしょうか。
多くの人は、やり方を知ることがノウハウを修得することだと勘違いしているのです。

本やセミナーなどでノウハウやコツが紹介されても、その奥にある構造や理屈まで説明してくれるケースは多くありません。その場合、ノウハウやコツを修得するには、自分でそれらについて考えたり調べたりする必要があります。

自ら構造や理屈を考えることは、知識をアップデートするのにも役立ちます。

アドバイス

構造や理屈を理解することは日常生活にもビジネスにも役立ちます

仮説の検証

シチュエーション15

「このチームは心理的安全性が保たれている」と、チームリーダーとして仮説を立てた。

マーケティング脳がない人

「チームの雰囲気が良くなった」など仮説を証明する証拠だけを集める。

マーケティング脳がある人

メンバーの本音を聞き仮説とは反対の事実も探す。

「頭が良い人」と「頭が良いと思っている愚か者」

ビジネスでプロジェクトを立ち上げたり、新規事業を構築したりする場合、仮説を立てることも多いと思います。「このサービスは30代の女性にニーズがあるはずだ」「こんな会社に営業すれば買ってくれるに違いない」といったことです。

このとき、自分がマーケティング脳を持つ本当に「頭が良い人」ならば、**「自分は間違っているかもしれない」という可能性を考慮する**でしょう。

マーケティング脳がない「頭が良いと思っている愚か者」は「自分は正しい」と思い込んだまま行動に移してしまいます。

このようなことにならないためには**頻繁に自分の仮説を見直す**必要があります。

毎日、いや毎秒のように自分の考えを訂正するような謙虚さが、ビジネスで結果を出すためには必要だと私は考えています。

データでは証明できない仮説を検証するには

ある仮説に対し確固たるエビデンス（根拠）があるならば、その仮説を修正するのは難しくないでしょう。しかしビジネスには、絶対的な「正解」というべきものが存在しない局面があります。仮説を客観的な事実で証明できない場合も多いのです。

たとえば、「リーダーとしてチーム内の心理的安全性（＝組織内で考えや気持ちを自由に発言できる状態）を高める」という目標を立てたとしましょう。

そのために「メンバーに積極的に声かけする」などの手段をとりました。しばらくして、心理的安全性が高まったかどうか、あなたならどのように検証しますか？

「メンバーからの提案や発言の量が増えている」「チーム内の雰囲気が以前より良くなっている」といった証言が得られるかもしれません。だから「自分のやり方は正しく、目標が達成できている」などと仮説を立てることもあるでしょう。

たしかにこの二つは事実かもしれません。しかし、人は自分を過剰に評価してしまう傾向があります。「このくらい達成する」という目標を立てたら、その3倍の結果が得られて初めて目標を達成できたと考えるべきです。

本当に「頭が良い人」ならば、謙虚さを忘れず、「実際は目標を達成できていないかもしれない」と、反対の仮説を立て、それを実証しようとするでしょう。

自分とはあまり会話を交わさないメンバーをランチに誘って、さりげなく本音を聞き出すなど、心理的安全性が高まっていない〝事実〟も探し、自分の行動を改善していくのです。

「頭が良いと思っている愚か者」のように振る舞い、甘い目測をしていないか、この機会に自分の行動を見直してみてください。

アドバイス

自分を過信せず、検証を重ねましょう

大人の我慢

シチュエーション16

会議で自分の考えとは異なる意見が出た。その意見が採用されると良くない結果になるかもしれない。

マーケティング脳がない人

「自分が我慢すればすべて丸くおさまる」と考え、何もしない。

マーケティング脳がある人

相手がどういう感情を持つか想像しながら意見を述べる。

「我慢するのが大人」はビジネスでは禁物

第1章で、マーケティング脳に必要な要素として「相互理解」を紹介しました。「相手が自分のことをわかってくれない」と思い悩むのはマーケティング脳ではないとお話ししましたが、「相互理解」を誤解する人がいます。

たとえば、会議で自分とは異なる意見が出たとしましょう。もしもその意見が採用されると、良くない方向に話が進んでいく気がする。そんなとき、言い争いになることを覚悟して自分の意見を述べるか、それとも、ぐっと我慢して成り行きにまかせるか……。

これは日本の社会ならではかもしれませんが、私たちは「我慢するのが大人」だと教えられてきました。場を乱すような言動を慎むことが「謙虚」であるとも考えがちです。

しかし、このような状況で「我慢」したり「謙虚」に振る舞っているつもりになっ**たとしても、ビジネスで成果を出すことには結びつきません。**

我慢して黙ったままでいるのは子どもでもできることです。大人であれば、相手を尊重しつつ自分の意見を伝える技術を身につけるべきなのです。

とはいうものの、「自分の意見を主張すべきであるのは重々承知している。正論だ。でも、仕事の現場ではなかなか難しい」とあなたは思うのではないでしょうか。

反対意見を述べて「場を乱す」ことも避けたいですが、何よりせっかくの意見を否定するようなことをして人間関係を壊したくない、という思いもあるはずです。

そこで、マーケティング脳を使って、相手を否定せずに自分の意見を言いましょう。本当の「相互理解」を実現するのです。

「相互理解」で話し合いもWin-Winになる

Win-Winとは「お互いに利益があること」を意味し、ビジネスの世界ではこのような状態で対等にものやサービスを売買できることを理想としています。

このたとえ話のなかでは、相手は自分の意見を通したがっていて、あなたはここで止めなければいけないと思っています。こういった場合は意見のすり合わせをして妥協できる点を探すことも解決方法の一つです。

しかし、指摘すれば相手の印象を悪くしてしまいます。

つまり今回は「自分の意見を相手に知ってもらう」ということと、「相手の意見も尊重する」ということを両立した結果となるように行動すれば良いのです。

具体的には、「先ほどのご意見ですが、もう少し詳しく説明していただけますか?」などと切り出し、まずは相手の言い分をきちんと聞きましょう。ひととおり話してもらって、言葉が出てこなくなるまで聞きます。

「○○さんはそう思うんですね。私の考え方を伝えても良いですか?」

などと確認して自分の意見を述べます。こうすれば、相手を悪者にせずに自分の意見を伝えることができます。

実際にこれはコーチングでも使われている技法です。

今回については、相手を承認し、許可を取り、聞く、という3段階のプロセスを踏むことが肝になっています。これにより、対立し合う姿勢から、まるで横並びで肩を組んでいるかのような協力の姿勢への転換が可能になります。「お互いが納得できるよう、いっしょに考えていきましょう」という最終的な合意にたどり着きやすくなるのです。

もしかすると、相手によっては、回りくどい言い回しをすると逆効果になるかもしれません。むしろ「いや、その意見には問題がありますよ」とズバリ指摘したほうが相手の心に響く場合もあります。

あなたと相手との関係、その場の状況などによってふさわしい表現は変わりますから、それは見極めなければいけません。

いずれにしても、この会話は相手を論破するためのものではないので、まずは**素直な気持ちで相手を理解しようとする態度が大切**です。そうすると、自分には欠けていた視点に気づいたり、相手の意見と共通点が見つかったりすることもあります。その結果、言い争いではなく、建設的な議論につながるわけです。

つまり、「相互理解」のポイントは、「相手がどういう感情を持つか」を考えること。相手の目線で考え、相手が受け取りやすい形でボールを投げることです。

悪しき「大人の我慢」はせず、「相互理解」で話し合いを進めれば、お互いに有意義な結果を得て会議を終えることができます。

アドバイス

相手を素直に理解すれば、新たな視点が見つかるかもしれません

ブームと向き合う

シチュエーション17

新しいネットサービスが話題になり、企業の多くが導入し始めている。

マーケティング脳がない人

「うちでもぜひ取り入れましょう」と提案する。

マーケティング脳がある人

「ブームが仕掛けられている」と考え採用には慎重になる。

化粧品メーカーの新商品がブームになる理由

マーケティング脳を身につけると、世間のブームへの向き合い方が変わります。ブームに躍らされるのではなく、ブームをつくる側に回れるのです。

一部の化粧品メーカーの商品は頻繁にブームを巻き起こしているそうです。新しい成分を配合した商品が開発されたと発表され、たくさんの消費者が買い求めます。しかし、それは事実として正しいのでしょうか？

本当に新しい成分を配合しているのかもしれません。しかし、そうではない可能性もあります。実は**ブームは意図的につくられている**ことがあるのです。

マーケティングの世界では「イノベーター理論」が知られています。新しい製品やサービスがどのように市場に普及していくかを示したものです。

図1 ブームを示すイノベーター理論のグラフ

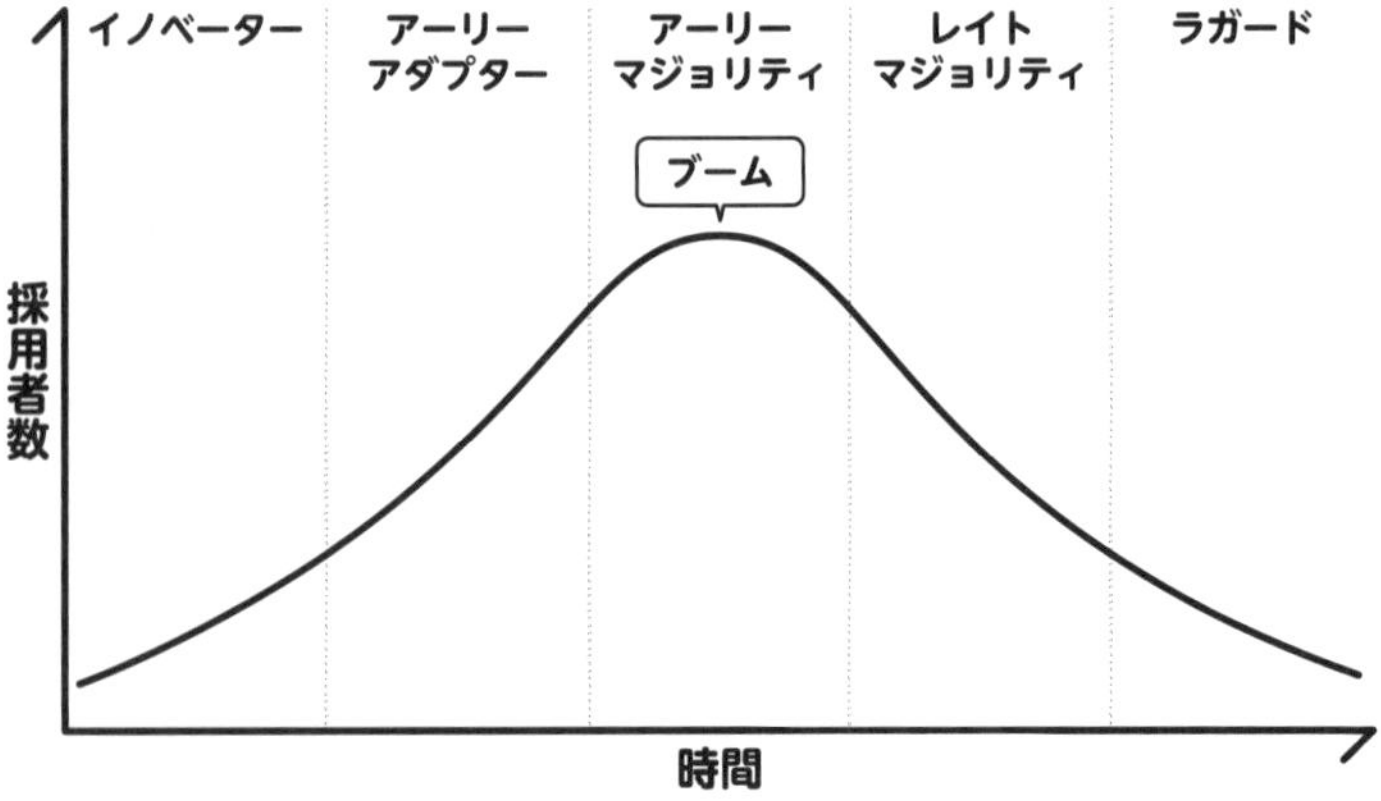

イノベーター理論によると、「イノベーター」（革新者）と呼ばれる人たちがまず新製品・サービスに着目します。イノベーターは新しいもの好きで積極的に情報収集を行っている人たちです。

次に、イノベーターほどではありませんが、新しい製品・サービスへの関心が高い「アーリーアダプター」（初期採用者）と呼ばれる人に普及し始めます。

そして「アーリーマジョリティ」（前期追随者）「レイトマジョリティ」（後期追随者）と呼ばれる人が使い始めると、世間では「ブーム」と認識されます。

図2 ブームを連続させるイノベーター理論のグラフ

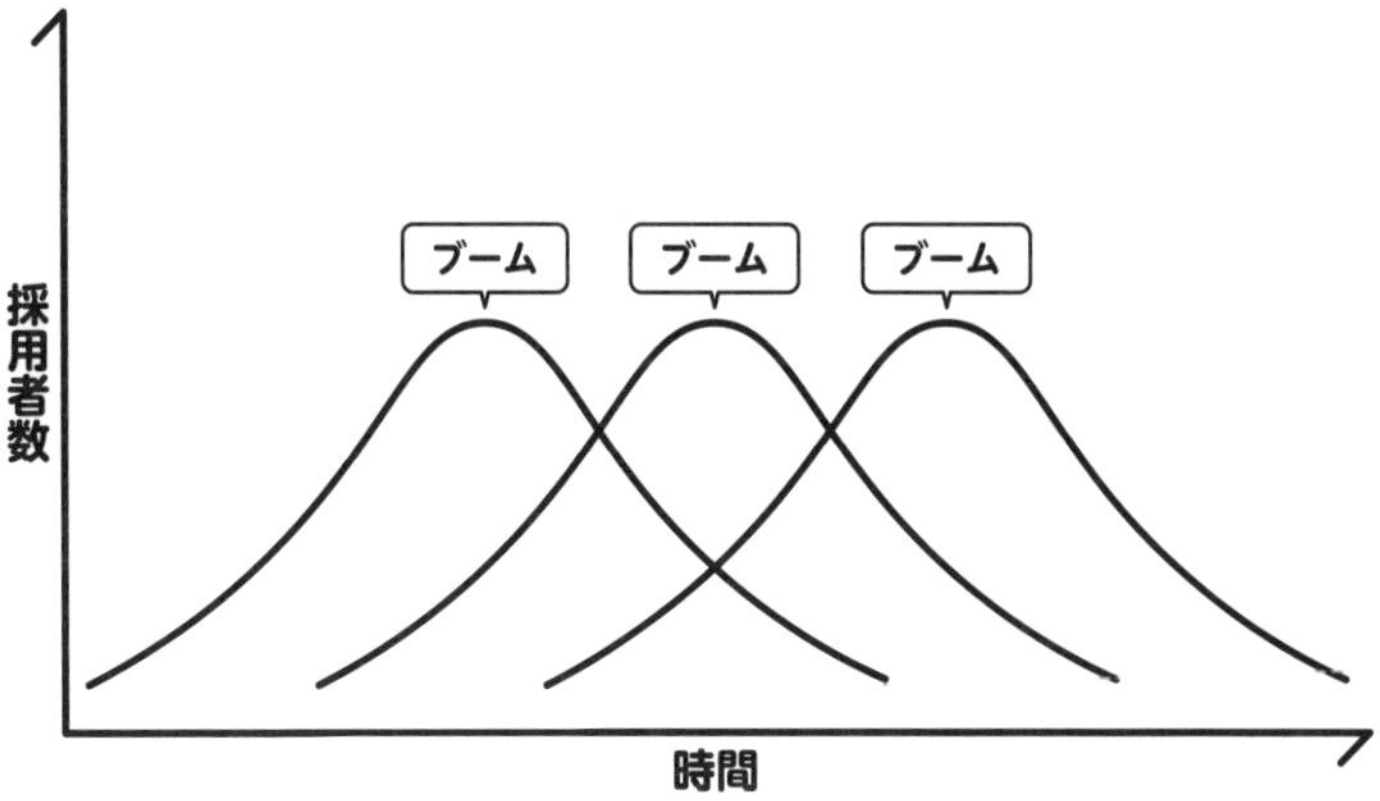

ちなみに、最後に「ラガード」（遅滞者）と呼ばれる保守的な層が使い始めたら、定番化したと判断して良いでしょう。

図1のグラフは、時間の経過とともに、それぞれの層に普及していく様子を示したものです。

件の化粧品メーカーは、これまでにない画期的な商品を開発しているわけではないかもしれません。

一つの商品のブームが終わらないうちに、イノベーターやアーリーアダプターを狙い撃ちするように次の新商品の宣伝を行い、新しいもの好きに向けて集中的にアピールして、図2のグラフのようにブームの〝山〟を連続的につくり出し継続させているのです。

これにより、売上を落とさず安定させることができます。

このような**意図的に仕掛けられたブームのしくみを知っておくと、いたずらにブームに躍らされることはなくなります**。

「新しいサービスが開発されたみたいだから、自分たちのプロジェクトにも取り入れよう」などと安易にブームに乗って、コストや時間をムダにすることもないでしょう。

熱狂させるコンテンツには気をつけよう

数年前、クラブハウスというSNSが流行したことを覚えていますか？　当時は関わっている人はみんな、「新しいSNSだ」と熱狂していました。参加も招待制になっていて、権利がメルカリで売買されていたり、フォロワー獲得のために一日中張り付いていているような状態の人もいました。いまふりかえると、異常なほどバズっていました。

これがまさにブームの仕掛けにまんまと引っかかった状態だったのです。クラブハウスは実は収益化という観点では使いにくいSNSであったことは、当時熱狂していた人のうち、どれだけの人が気づいていたでしょうか。

このようにブームに踊らされていると、大切なことを見落とし、時間もお金も無駄になってしまいます。ですので、一度冷静になり、ニュートラルな視点で物事を見直すことが必要です。

アドバイス

ブームに躍らされず、仕掛ける側である意識を持ちましょう

自己投資のポイント

シチュエーション18

英会話スクールに通っているが、なかなか英語力が身につかない。

マーケティング脳がない人

「もっと良いところがあるはず」と別のスクールに移ることを検討する。

マーケティング脳がある人

自分の学び方が間違っていないか検証する。

自己投資は「人生のワープ代」

あなたは「自己投資」への関心が高い人だと思います。この本を読んでいるのも自己投資の一環でしょう。ここではマーケティング脳による自己投資の考え方を紹介します。

自己投資とは「人生のワープ代を払う」ことだといえます。

これまでお話ししてきたように、私は普通のことができない劣等生でした。そこで一念発起して「ビジネスで年間1億円稼げるようになる」を人生のゴールに定めました。こんな私でも成功できれば、私と同じような「自分はダメだ」と思っている人にも勇気を与えられると考えたのです。

幸いなことに、すでにその目標を実現することができました。**自己投資は、最短ルートで私たちをゴールまで「ワープ」させてくれる**のです。

自分の選んだ自己投資を「正解」にするには？

自己投資を「人生のワープ代」にするには、**自分の選んだ投資の対象を「正解」にすることが大切です。**

誰もが「正しい選択をしたい」と思っています。しかし、そう思うあまり、どこかに存在する「正解」を追い求め続けてしまうことがあります。習い事や勉強のしかたを頻繁に変えたり、いたずらに書籍を買いあさったりしても、何も得られないで終わるのです。

自己投資の「正解」はどこかに存在しているのではなく、あくまで自分自身が「正解」にするのです。

たしかに、精度の高いノウハウを得ようと思えば、見極めるための作業が必要になることもあるでしょう。しかし、その意識がなければ、どんな自己投資も「不正解」になってしまいます。

では、どうすれば「正解」になるのか。次の四つのポイントを実践しましょう。

一つめは「学ぶ」こと。

ノウハウを自己流にアレンジしたりせず教えられた通りに学びましょう。「守・破・離」という言葉があります。茶道や武道などの修行のプロセスを表したものです。「守」で基本を身につけ、「破」で発展させ、「離」で個性を発揮するわけですが、基本を身につける前に個性を発揮しようとすると応用が利かずに失敗してしまうので、ベースとなる部分からつくっていくようにしましょう。

二つめには「行動する」こと。

学んだことを自分の血肉にするには、ある程度の行動量が必要です。自分のできそうな量しかやらなかったり、あるいは「準備が整ってから」と言い訳してなかなか始めなかったりすると、せっかくの自己投資も「正解」にはなりません。

そして、三つめには「改善する」ことも必要です。

本当に教えられた通りに実践できているか、行動量は足りているかなどといったことを振り返り、問題があれば改善していきます。

四つめのポイントは「くりかえす」こと。

一時的に行動量を多くしても、継続しなければせっかく身についた力も衰えてしまいます。継続することで、教えに対する理解もより深まっていきます。

これらは、英会話やジム、資格試験の勉強、ダイエットなど、あらゆる自己投資・自己研鑽《けんさん》にあてはまります。もしもあなたが自己投資をしようと考えているなら、四つのポイントを意識するところから始めてみてください。

アドバイス

自己投資が効果を発揮するかは自分次第と考えましょう

会社のやめ方

シチュエーション19

この仕事は自分に合わないので、会社をやめようと思うが……。

マーケティング脳がない人

上司に引き止められ、やめられないまま過ごす。

マーケティング脳がある人

上司を説得して、辞意を伝える方法を考える。

上司の巧みな引き止めをかわすには？

これまでに何度かお話ししているように、私はタフさを求められる職場で仕事をしてきた経験があります。厳しい職場は高いパフォーマンスを従業員に要求するので、必然的に上司の対応のしかたも厳しくなるのです。

では、次々と会社から人がいなくなっていったかといえば、そうでもありません。「いま自分がやめると仕事が回らなくなる」「後輩を育ててからやめよう」などと、先輩たちはすぐには去りません。退職するのに順番待ちをしていました。しかも、上司たちはトップセールスマンですから話術も得意です。辞意を伝えようとしても、うまく説得されて、結局は残ることになるのです。

そんな会社で私が退職に成功した方法をお伝えします。

上司たちといたずらに対峙すれば言い負かされてしまうので、決定権を持つ上司が1人になるのを見計らって声をかけました。当然、引き止められましたが、「やめることにしました」「次が決まりました」「申し訳ありません」をひたすらくりかえします。とうとう相手は根負けし、「明日、退職届を持ってきなさい」と言われ、無事に会社をやめることができました。

会社は気づかないうちに閉鎖空間になっている

マーケティング脳を働かせると、私の体験はどのように解釈できるでしょうか。

一部の職場は閉鎖空間で、一般常識とは大きくかけ離れた状況がまかり通っている場合があります。しかし、そこに勤めていると意外にその状況に気づきません。それはなぜかといえば、**頭を使わず、思考を停止させてしまっているから**です。


たとえば、「やめたいけどやめられない」という状況に直面しているならば、「それはなぜ?」と、背後にある構造にまで考えをめぐらせるべきです。そうすれば、自分の置かれた状況がとてつもなく「異様」であることにすぐに気づけるはずです。

152ページでも述べたように、理不尽な状況を我慢するのは子どもでもできることです。マーケティング脳を働かせれば、「一人の人間として扱われない状況はおかしい」と考えられます。

能動的に行動し状況を変えることができたのは、私がマーケティング脳を使った結果といえます。

マーケティング脳はビジネスを成功に導くこともできますが、過酷だったり理不尽だったりする環境から抜け出すのにも大いに役立つのです。

アドバイス

自分の状況を客観視するのもマーケティング脳です

正しく
議論する

シチュエーション20

これから取り組もうとしている新規事業について、ターゲット層に受け入れられるか議論している。

マーケティング脳がない人

「受け入れられる」か「受け入れられない」か、自分の意見がどちらなのか決める。

マーケティング脳がある人

「受け入れられる」か「受け入れられない」か、さらにどちらでもない可能性も考える。

ビジネスの世界に〝正義のヒーロー〟は存在しない

私は子どものころテレビで戦隊ヒーローの番組を観るのが好きでした。

戦隊モノでは、ヒーローと敵の組織との対決が描かれ、常にヒーローは「正義」、敵は「悪」として扱われます。

子どもの番組としてはそれで良いのですが、大人の目で見ると、ヒーローに「正義」があるように、敵の組織にも「正義」があるはずなのです。

そもそも「正義」や「悪」はどこにも存在しないのかもしれません。

「白黒つける」という言い方がありますが、現実の世界、特にビジネスの現場において「白」と「黒」をはっきりと区別できるケースは多くないでしょう。

ほとんどの物事が白から黒へのグラデーションのなかにあり、「黒に近い灰色」とか「白に近い灰色」があるだけです。また、同じ灰色を見ても、人によって「黒に近い」と言ったり「白に近い」と思ったりします。

ところが、**ビジネスの現場では往々にして「白」または「黒」のどちらかに決めつけてしまいがち**なのです。

たとえば、これから新規事業として取り組もうとするサービスについて議論しているとき。「30~40代の女性に受け入れられる」「いや受け入れられない」のように、「白」か「黒」の二元論で言い争いが始まってしまいます。実際は「まったく興味を持たれない」「少し興味を持たれる」「実際に利用してもらえる」のようにグラデーションがあるはずなのに、勝ち負けを決める議論になってしまうのです。

状況を打破するには、「それは事実なんですか?」と聞き返したり、「こんなデータがありますよ」と、客観的な根拠を示したりする必要があります。

「人の考えは傾く」という心理を活かす

実はマーケティング脳を働かせると、人が決めつけがちな傾向を逆手にとって、ビジネスに活かすこともできます。**みんなの考えが傾いているものにビジネスチャンス**

を見出すのです。

たとえば、コロナ禍が始まったころ、テレワーク（在宅勤務）へ注目が集まり、多くの企業がこぞってテレワークを導入し始めました。世間は一斉にテレワークをもてはやし始めたのです。私も報道でこの流れを追っていましたが、実はコロナ禍が始まってすぐ、この事態を予見し、広告を打ち出しました。誰よりも早く、オンラインで会社が収益を上げる方法をコンセプトとし、オンラインマーケティング事業の宣伝をしたのです。予想は当たり、コロナ禍でも売上を伸ばすことができました。

世間の人たちが極端な方向に進んでいるとき、その一歩先にあるものを考えたり、あるいは逆の情報を調べたりすることが成功につながります。

アドバイス

ビジネスの世界に「白」か「黒」かありません

チーム内の
役割

シチュエーション21

チームで一丸となってプレゼン資料をつくる。
自分はデータを提示するページをまかされた。

マーケティング脳がない人

数字だけを並べた
ページをつくる。

マーケティング脳がある人

数字を並べるだけで
はなく画像も添える。

ビジネスは「ピタゴラ装置」と考える

ＮＨＫ Ｅテレで放送されている『ピタゴラスイッチ』という番組をご覧になったことがありますか？　番組を象徴する作品として「ピタゴラ装置」があります。紙コップや定規・クリップ・風船・車のおもちゃなど、身のまわりにある道具で装置が組み立てられています。スタート地点でビー玉を転がすと、ドミノ倒しのように次々と「仕掛け」が作動していき、ビー玉がゴールにたどりつくというものです。

「仕掛け」一つひとつの構造は単純です。しかし、装置全体を眺めれば、とても複雑に組み合わされています。「仕掛け」は単純でも、そこに少しでも不備があるとビー玉が止まってしまい、装置全体が機能しません。

なぜ「ピタゴラ装置」の話をするかというと、実は私たちが従事するビジネスやプロジェクトも「ピタゴラ装置」のようなものである、と私は考えているからです。

マーケティング脳がある人は、自分の取り組む仕事が「装置」のなかでどの「仕掛け」にあたるのかを理解しています。一方、マーケティング脳がない人は、自分の担当する「仕掛け」は一生懸命つくりますが、「装置」までは頭が回らないでしょう。

たとえば、チームでプレゼン資料をつくることになり、自分はデータを提示するページをまかされたとします。

プレゼン資料という「装置」の目的は、クライアントにアクションを起こしてもらうことだから、単に数字を並べるだけではなく、画像を補って説得力を持たせたほうが良い。マーケティング脳のある人ならそんなふうに考えるでしょう。

マーケティング脳がない人は、データは抜かりなく集めるのですが、資料の目的までは考えないため、数字を並べるだけで終わらせてしまいます。

自分自身も「装置」のなかの「仕掛け」の一つ

「ピタゴラ装置」のたとえをさらに発展させると、自分の仕事というより、自分自身が大きな「装置」を構成する小さな「仕掛け」と見なすこともできます。機械でいうなら、自分はそれほど大きな力を持っているわけではないけれど、全体を構成する歯車の一つであると考えることもできます。

自分は小さな「仕掛け」にすぎませんが、一個一個の仕掛けにも有意義な仕事があります。それは機械や装置を止めずに進めることです。

ですから、自分の担当以外の作業を積極的に手伝ったり、困っている人を見かけたら率先して助けたりする必要があるわけです。

ここで注意したいのは、全体像を見るということです。これは単純にワークフローだけではありません。誰かが困っていないか、滞りなく進んでいるか、つまずいているとしたら何が原因なのか、といった人間的な問題にまで理解が及んでいると、仕事もうまくいくでしょう。

普段からチームのなかでも、互いにこのような意識ができていれば、自分という「仕掛け」がうまく作動しないとき、つまり自分が困ったときに助けてもらいやすくなります。気まずい思いをしたり、申し訳ない気持ちが和らぐのです。

メンバーの一人ひとりが全体を見渡しながら、それぞれの役割を果たすことによって、プロジェクトが成功する可能性も高まります。また、メンバー同士の人間関係も円滑になりますから、より結果につながりやすいわけです。

アドバイス

仕事の問題は全体像を見ることで解決できます

START
市場調査
企画立案
会議
製品開発
GOAL
完成

相手の期待に応える

シチュエーション22

上司から仕事を頼まれ「いつできる？」と聞かれた。3日ぐらいで仕上がりそうだが……。

マーケティング脳がない人

「3日後」と答え、3日後に提出する。

マーケティング脳がある人

「5日後」と答え、3日後に提出する。

相手の「期待値」を超えよう

あなたは、自分に対する相手からの「期待値」について考えたことがありますか？

たとえば、上司から「この仕事をお願いします」と頼まれ、「どのくらいで提出できますか？」と聞かれたとします。あなたは急ぎの雰囲気を感じながらも、3日ぐらいででき上がりそうだと考えました。だからといって「3日でできます」と答えたら、マーケティング脳がまだまだ足りないといえます。

「それなら、3日かかるけど『2日でやります』と言って、なんとかがんばって仕上げる」とあなたは考えたかもしれません。たしかに仕事に要する時間が短ければ仕事ができるように見えますよね。

でも、それも違います。マーケティング脳のある人は、3日でできそうだと思ったとしても、現実的に可能なら、「4日」あるいは「5日」と答えるのです。

自分が「5日」と答えたら、相手は当然「5日後に提出してもらえる」と考えます。それが「期待値」です。そこで3日で相手に渡したら、その「期待値」を超えることになります。

ここではわかりやすく納期の例を挙げましたが、「期待値」は必ずしも数字で表せるとはかぎりません。

たとえば、上司はあなたに資料をつくることだけを「期待」しているかもしれません。でも、その「期待値」を超えて、資料をみんなに配布することを買って出てみると、きっと大変喜ばれますよね。

そんなふうに「期待値」を超えることが習慣になると、特に意識しなくても、「期待値」を超えられるようになっていきます。マーケティング脳のある人は、あらゆる場面で相手の「期待値」を超えようとするのです。

時給を意識して自分の価値を高める

当然ながら、「期待値」を超えようと思っているだけでは、実際に超えることはできません。しっかり実力をつけ、ひいては自分の価値を高めることが大切です。そのためには、「時給」を意識するようにしましょう。

独立してビジネスをしている起業家であろうと、お給料をもらって会社で働いている人であろうと、マーケティング脳がある人とない人の違いは、時間に対する考え方に表れます。

マーケティング脳がない人は時間を、蛇口をひねればいつでもわき出てくる〝水〟だと思っています。だから、なんとなくダラダラと過ごしてしまう。その結果、定時になっても仕事が終わらず残業せざるを得なくなる。あなたもそうなっていませんか？

外国人の目には「日本人は終わる時間を守らない」と映っているそうです。

外国人はルーズだと思っている日本人も多いようですが、それは誤った認識で、特に就労時間に関してはシビアです。

残業や労働時間に関する法律が発達していたり、職務に関するとり決めが明確だったりするという点も、もちろんあります。しかし、それだけではありません。

たとえばワークライフバランスを重視している人は日本よりも多いでしょう。家族との時間や趣味の時間といったプライベートと仕事を分けることも当たり前です。

またプライベートの時間をつぶした滅私奉公を尊いものだと考える風潮が、そもそも日本ほど高くありません。

職場のみんなが仕事をしているなか、自分だけ帰るのはなんだか気まずい。最近は少し変わってきているかもしれませんが、日本の会社の風景としてありがちですね。

でも、マーケティング脳を持って、時給を考え、決められた時間で仕事をきっちり終わらせましょう。いまの日本の会社ではすぐに徹底することは難しいかもしれませんが、本来なら他の人が働いていたとしても、定時になったらさっさと帰るべきなのです。

そうしなければ、自分の価値を大きくできず、仕事の質も上がりません。相手の「期待値」を超えることもできないわけです。

アドバイス

成功する人は時間を大切にします

シチュエーション23

セミナーを受講したり書籍を読んだりして、知識を身につけようと考えている。

マーケティング脳がない人

何度も強調されて初めて重要な事柄を覚える。

マーケティング脳がある人

重要な事柄をメモし一度で覚えるように努める。

「ザイオンス効果」で人は恋をする

突然ですが、あなたがこれまで恋をした相手のことを思い出してみてください。

学生時代なら、同級生やクラブ活動のチームメイトではありませんでしたか？　あるいはアルバイト先の仲間？

社会人になってからは、職場の同僚であったり、取引先の人であったりしたかもしれません。

実は恋の相手には共通点がある可能性があります。それはあなたが「何度も顔を合わせる人」です。

マーケティングなどの分野では、「ザイオンス効果」と呼ばれる心理効果がよく知られています。これは、最初は関心がなかったのに、何度も接触をくりかえすうちに好意を抱くようになるというもの。一説では、効果が表れる接触回数は3・5回といわれ、「3・5回の法則」などとも呼ばれます。

マーケティングではこの効果を利用して、自社の商品・サービスをいかにユーザーと接触させるかを考えたりするわけです。

ただし、ここでは「あなたもザイオンス効果をうまく利用して、商品・サービスを売り込もう」と訴えたいわけではありません。

知識にも「ザイオンス効果」が使える

私は起業家を対象にしたスクールを運営しているわけですが、理論やノウハウは一度説明すれば覚えてもらえると思っていました。

しかし残念ながら、ほとんどの人が一度聞いただけでは記憶に残すことができません。何度も「これは重要ですよ」と説明することによって、ようやく覚えてもらえるのが現実です。

なので、**自分の言いたいことを理解し、覚えてもらいたいなら、3・5回以上くり**

かえしましょう。

つまり、人や商品・サービスだけではなく、知識にも「ザイオンス効果」が働く、というのが私の仮説です。

さらに、この〝**知識のザイオンス効果**〟は、**自分自身にもあてはめることができます。**

つまり、多くの人が重要性を理解して、その重要な知識を記憶するのに3・5回必要であるなかで、**1~2回でマスターできたなら、他の人よりも成長のスピードを上げられるわけです。**

マーケティング脳がある人は、セミナーで話を聞いたり、書籍で勉強したりしているとき、自分が「1回聞いた/読んだだけでは忘れる」と知っています。重要だと思うことをメモしたり、メモしたことを読み返したりして、記憶に残るように工夫しているのです。

そうして、学んだことを実践し、失敗をくりかえしたり、やり方を試行錯誤したりして、自分の血肉にしていけば、長い時間で見れば他の人と大きな差がつきます。成功の可能性も上がるわけです。

マーケティング脳がない人は、3・5回聞かないと理解して内容を覚えることができないので、セミナーの話は聞きっぱなしで、書籍は読みっぱなし。なかなか実践に移せず、成功までの道のりも遠くなってしまいます。

質×量で成功する

なぜ記憶に残るように工夫している人たちが成功するのか、は他にも要因があります。

まず、彼らのように成功する人は、誰に何を言われずとも、自ら情報への接触回数を増やしています。

そして、少ない回数で情報をスポンジのようにあますことなく吸収するために、受けとる情報の質を洗練させます。この質×量の相乗効果で、爆発的な成果を出すことができるのです。

また、学んだノウハウの本当の意味を自分で考察し、応用を利かせたりして、知識の点と点を線で結ぶかのように使っていくことができるので、さらに成果が出ます。

こうやってみると、どうして大きな差が付くのかよくわかりますね。

〝ザイオンス効果〟を知り、情報を取り込む時間をなるべく短くするよう意識していくことで、何も意識せずにいる人と大きく差を付けることができるのです。

あなたも〝知識のザイオンス効果〟を利用して、自分を成長させていってください。

アドバイス

「習ったことも忘れてしまう」ということを前提に対策を立てましょう

コラム

この世でもっとも豊かなお金の使い方

私は、父とは亡くなる直前までほとんど会っておらず、本職が何だったのかはいまだに判然としません。

海外で事業を営んでいたことはたしかなようですが、あるときは輸入業をやっていると聞きました。まだパソコンが普及していなかった時代には、輸入して大学に販売していたようです。別の時期には化粧品の販売を手がけていたこともあります。

他にもネパールに日本の学生を留学させたり、反対にネパールから学生を呼んだりもしていたそうです。

娘の私の目から見ても、父は破天荒な人でした。カラオケボックスでたとえるなら、歌っていると、他人のマイクを奪いとって気持ち良く歌い始めたり、他人が注文した飲み物を勝手に飲んだりするような奇抜な性格でした。他人に迷惑をかけてばかりいたと思いますが、一方でカリスマ性もあり「面白い人だ」と好いてくれる人も多くいたのです。

私の妹2人が、ある日、父の事業を手伝うためにネパールの村を訪れたときのことです。お店で食事をして代金を払おうとすると、店員さんは「お代はいりません」と言います。

「どういうことですか?」

「田尻先生の娘さんからお金はいただけません」

妹は店員さんから事情を詳しく聞くことにしました。

2015年、ネパールで大地震が起こりました。およそ9000人が亡くなり被災者は約560万人といわれる大きな災害でした。

私の父はそのときネパールに滞在していて被災したそうです。建物が倒壊したのですが、幸運にも助かることができました。さらに幸いなことに、父は仕事の報酬として約88万ルピー（約１００万円）の現金を持っていたそうです。
そこで、被災地の人たちに1万円ずつ配ったそうです。現地では貧富の差があり、1万円あれば1カ月生活できたそうです。やがて現金がなくなると、パソコンや腕時計など、高価なものも配り始めました。大変喜ばれたようです。
妹が食事をしたのはその村だったのです。

「田尻先生はブッダです。私の家にも食事に来てください」
妹は村の人たちからそんな声をあちこちで聞いたそうです。

とんでもないことばかりやってきた父なので、私は「うそでしょ？」と言って笑いました。しかし妹の話を聞いて、「これこそが、本当のお金の使い方だ」とも思いました。本当に必要としている人に、お金を渡して役立てたわけですから、お金の一番有用な使い方をしたのです。

私も起業家としてビジネスをしているわけですから、お金を得ることが第一の目的です。というのも、私は子どもたちに、お金を理由にやりたいことをあきらめてほしくないという思いから、お金を稼ごうと思っていたからです。

ビジネスが軌道に乗ってからは、どうすればスタッフさんに十分なお金を渡せるかを考えるようになりました。自分の私利私欲のためだけだったら、ここまで成功することはなかったと思っています。

私は、自分に問い続けていることがあります。

私の人生では、はたして父を超えるお金の使い方をできる日が来るだろうか？　本当に困っている人を助けるためにお金の力を最大限を使うことが——。

父のエピソードをときどき思い出しては、よく考えるようにしています。

第3章のまとめ

◯ 目標から逆算して行動を決めよう

◯ 逆算思考を使って1日の行動内容や中間目標を設定しよう

◯ 物事の裏側にある構造を考えてみよう

◯「自分は間違っているかもしれない」と謙虚な態度で考え直してみよう

◯ 意見が対立しても我慢せず自分の考えを述べてみよう

◯ ブームのしくみを知ろう

◯ 自己投資を成功させるのは自分であると心得よう

◯ 理不尽なことも客観視できるようになろう

◯ ニュートラルな立場に立って、他の人が見ていない一歩先や逆の情報に触れよう

◯ 仕事は全体像で見ると問題点がわかる

◯ 相手の「期待値」を超えよう

◯ 〝知識のザイオンス効果〟を利用すると他の人と差がつく

第4章

マーケティング脳を応用しよう

［上級編］

第３章を通して、ビジネスの最前線で用いられる技法を解説しました。

第４章ではマーケティング脳で人生の本質的な謎や疑問を解き明かしていきたいと思います。

こんなときあなたはどうする?

シチュエーション24 ▶ 202ページ

新プロジェクトのメンバーとして参加することになったが、どうもソリが合わない人がいる。

仕事や人生において、どうしても「嫌な人」に出会います。しかし、考え方を変えれば、前向きになれるかもません。

シチュエーション25 ▶ 206ページ

毎日、忙しい日々に明け暮れているうちに、自分がずいぶん歳をとっていたことに気がついた。

「歳をとる」という事実に対し、マーケティング脳のある・なしで、とらえ方が変わります。あなたはどっち?

シチュエーション26 ▶ 210ページ

プロジェクトリーダーをまかされたので、しっかり成果を上げたいと思っている。

リーダーとして他の人といっしょに仕事をするようになったら、チームで成功するために何が必要かを解説します。

シチュエーション27 ▶ 214ページ

プロジェクトリーダーをまかされた。ぜひ優秀な人にメンバーになってほしいと思う。

優秀な人材の確保は企業の生命線です。「優秀な人材を増やす方法」をお伝えします。

シチュエーション28 ▶ 220ページ

書類にサインをしてもらうため、上司のデスクに向かう。

マーケティング脳は、日常のちょっとしたふるまいに表れます。ちょっとした視点の切り替えによって大きな可能性が見えてきます。

シチュエーション 29 ▶ 226ページ

社内で異動があり新しい上司がやってきた。気難しい人と密かに噂されている。

ここでは、特に上司やリーダーなど上役との人間関係に焦点をあてて、信頼を高め、職場のパフォーマンスも上げる方法を紹介します。

シチュエーション30 232ページ

「インスタ映え」が流行しているらしいので、自社の商品を紹介するのに活用したい。

ビジネスチャンスの見つけ方を紹介します。ビジネスマン以外の人にも役に立つ、発想の転換の方法です。

シチュエーション31 236ページ

マーケティングの方法について検討していると、「この手法は時代遅れだ」という意見を目にした。

マーケティングでよく使われる手法を解説します。他の人の言説に躍らされず、その手法を逆手にとる方法もわかります。

シチュエーション32 240ページ

1カ月後に会社をやめて起業する予定だが、ずっと不安感が消えない。

もしもあなたがネガティブな思考にとらわれているなら、ここで紹介している方法が解決の糸口になるかもしれません。

シチュエーション33 244ページ

新しい商品が発売され、お客様に販売する方法を考える。

あなたのお客様は、あなたに何を求めているのでしょうか? それを見極める方法を解説します。

シチュエーション34 248ページ

ビジネスがうまくいき、月に数百万円稼げるようになった。

「お金がとにかくいっぱいほしい」という人は多くいますが、お金と幸せがどうつながっているのか、あらためて考えてみましょう。

仕事をする理由

シチュエーション24

新プロジェクトのメンバーとして参加することになったが、どうもソリが合わない人がいる。

マーケティング脳がない人

「このまま仕事を続けるのは嫌だな」と思い悩む。

マーケティング脳がある人

「実は嫌な人は存在しない」と仮定してみる。

ビジネスとは現代の修行である

仕事をしていると、さまざまな困難にぶつかります。「辛い」「悲しい」「腹立たしい」など、誰でもネガティブな感情を抱えることがあるはずです。

実際、私が会社に勤めていたときは、自分の力が及ばず、上司から毎日叱責されていました。

そんなとき、ネガティブな感情にとらわれて暗い日々を送るのではなく、ネガティブをポジティブに変えようと思い立ち、「ビジネスとは修行なんだ」と発想を切り替えました。

仕事で直面する困難は、「自分が人生のなかでどのくらい成長できるかを競うゲーム」と考えることにしたのです。

こういった発想の転換もマーケティング脳といえるでしょう。困難な状況を乗り越えることができれば、自分に自信がつきます。

嫌な人と付き合うことにも意味がある

仕事で直面する嫌なことは、突き詰めると人間関係に原因があるケースが多いようです。社会人として働いていれば、自分とソリが合わない人、相性の悪い人とも仕事をしなければいけません。

嫌な人に出会っても「そんな人にも何か意味がある」「自分は試されている」と発想することは有益です。嫌な人と付き合っていくことも「修行」であり、自分を成長させるための「ゲーム」だと思えば、短絡的に悩んだり怒ったりすることがなくなります。

それに、自分の目には「嫌な人」に映っているけれども、他の人から見れば違うかもしれません。

これも事実と解釈の話になりますが、自分が抱いている印象が「嫌な人」であるだけで、その人という存在そのものが「嫌な人」というわけではないと考えることもできるのです。

たとえば、自分にとって嫌な性格の人であっても、能力はとても高い人かもしれません。その人と組めばプロジェクトがスムーズに進み、結果的に自分の利益になることもあり得ます。仕事や人生が良い方向に向かい始めるわけです。

ネガティブな感情を持ってしまうのは、人間である以上は避けられないのかもしれません。そんなときはぜひ「修行」「ゲーム」と発想を切り替えて、ポジティブな方向に仕事や人生が向かうようにしてみてください。

アドバイス

嫌な人との仕事でレベルアップが可能になります

歳を重ねる

シチュエーション25

毎日、忙しい日々に明け暮れているうちに、自分がずいぶん歳をとっていたことに気がついた。

マーケティング脳がない人

「チャンスがだんだん失われていく」とただただ不安を募らせる。

マーケティング脳がある人

「私は年々良くなっていく」と考え行動していく。

女性の価値はクリスマスケーキのようなもの？

私たちの住む社会は、歳をとっていくことに対してネガティブな文脈で語られることが多いように思います。

いまでは信じられない話ですが、１９８０年代の日本では、女性の年齢をクリスマスケーキになぞらえる言葉がよく使われていました。当時、女性の平均初婚年齢が25歳だったため、以降は〝旬〟が過ぎ、結婚が難しくなるといわれていました。

近年は女性の人生も多様になっていますからこの考え方は廃れましたが、クリスマスケーキに代わり「年越し蕎麦」「夏休み」などとも呼ばれることがあるようです。「31歳までが勝負」という意味です。いずれにしても、楽しい考え方ではないですね。

人は誰でも歳をとりますし、歳をとれば身体的に不便なこともありますが、人としての価値が損なわれるわけではないですよね。

このような特定のことに関して、ネガティブに偏ったり、逆にポジティブに振り切ってしまうよりも、社会や出来事をありのままにとらえて、思考をニュートラルな方**向に向かわせると、何事にも冷静に対処できます。**

そのコントロールにもマーケティング脳が役に立ちます。

「私は毎年良くなっていくことにする」と決める

私が28歳のころの話です。「クリスマスケーキ」の考え方がまだ残っていて、「だんだん自分の価値が失われていく」といった漠然とした不安がありました。そこで、「いや、私は毎年良くなっていくことにする」と考えることに決めました。そして自分に自己暗示をかけました。

具体的な根拠はありません。ゲームのキャラクターが成長していくように「年々経験や知識を重ねてパワーアップしていく」と思い込むことにしたのです。

「人生100年時代」ともいわれているのに、何十年か生きたぐらいで「もう終わり」と考えるのは、あまりに極端でつまらない発想です。ニュートラルに考え、どう対処するか考えられたら、人生が面白い方向に進んでいくのではないでしょうか。

仕事や人生において高い壁にぶつかることもあります。つらくてやめたくなるときもあると思いますが、これも極端な思考になっている可能性があります。

やめることはいつでもできるので、冷静になってもう一度自分のプランを見つめ直してみましょう。そのうえで続行可能ならもう少しだけ勝負してみる、という考え方をするのはどうでしょうか。もしかすると、チャンスをつかめるかもしれません。

アドバイス

偏りがないニュートラルな思考で困難なことを見つめ直そう

組織論（その1）

シチュエーション26

プロジェクトリーダーをまかされたので、しっかり成果を上げたいと思っている。

マーケティング脳がない人

「自分はもっとも優秀なはず」と考え、あらゆる仕事を引き受ける。

マーケティング脳がある人

「自分は優秀ではない」と考え、優秀な人に仕事をまかせる。

自分は優秀ではないからこそ成功できる

私は現在、起業家を対象にしたスクールを運営しています。自らの実践と成果に基づいた再現性のあるノウハウをお伝えしてはいますが、いまだにマーケティングやビジネスの専門用語には若干の苦手意識があります。金融の現場のような高度な計算ができるわけでもないですし、パソコンも仕事に必要な最低限の機能を使えるだけです。

以前の私にはまだ自信が足りないところがあって、起業する前は「自分がビジネスを始めるなんてとんでもない」と思っていました。

しかし、あるときメンターからこう言われました。

「自分が優秀でなくても良いんだよ」

「自分より優秀な人に気持ち良く動いてもらえば良い」と。

その言葉に目からウロコが落ちたのです。

自分の状況をあらためて見直せば、「自分は優秀ではない」と自覚して過信しないでいるからこそビジネスがうまくいっているといえます。なぜなら、**優秀な人の力を借りようと考える**からです。

自分が優秀だと思っている人は、どんな仕事も「自分がやったほうが良い」と考えて抱え込んでしまいます。実際、そのほうが仕事のクオリティは上がるかもしれません。しかし、**人が持てる時間やキャパシティには限界があります**。自分で会社を起こしたり、会社勤めの人がプロジェクトを動かしたりする場合、小さく成功することはできても、大きな結果を残すことはできません。

仮に大きな成果につながったとしても、時間とキャパシティを限界まで消費せざるをえなくなり、達成感や充実感・幸福感を持つことはできなくなるのです。

成功の鍵はプライドを捨てること

成功している経営者やリーダーは、必ずしも技能が優れているとはかぎりません。

彼らにとって重要な仕事は、「優秀な人を巻き込む」「優秀な人を育てる」ことです。

自分は縁の下の力持ちとして振る舞いながら、優秀な人に花を持たせようとします。

だからこそ、会社やプロジェクトを大きくしていけるわけです。こういった人たちは、往々にして謙虚な人が多いと感じます。プライドが高く「自分は一番になりたい」と思っている人は、経営者やリーダーには向いていません。

自分のプライドを捨て、謙虚になるところから始めてみてください。

アドバイス

自分より優秀な人の力をどう借りるかが重要です

組織論
（その２）

シチュエーション27

プロジェクトリーダーをまかされた。
ぜひ優秀な人にメンバーになってほしいと思う。

マーケティング脳がない人

適任と思える人が
なかなか見つからず
途方に暮れる。

マーケティング脳がある人

いまいるメンバーが
優秀な人になれる
しくみをつくる。

優秀な人は見つからない

前項では「自分は優秀ではない」と謙虚になり、優秀な人に仕事をまかせることが成功の鍵だとお話しししました。

では、そもそも優秀な人はどのように見つければ良いのでしょうか？

よくある勘違いは、優秀な人がどこかにいて、その人をなんらかの方法で見つけようとすることです。もしあなたが有名な大企業の経営者や人事担当者であれば、募集広告を出すだけで優秀な人がたくさん集まるでしょう。そのなかから適任者を選べば良いのです。

しかし実際は、ほとんどの経営者が「優秀な人が見つからない」という悩みを抱えているはずです。優秀な人は有名な大企業に行ってしまうのですから。

あなたが会社のプロジェクトリーダーだとしたら、そもそも人事権を持っていないでしょう。ある程度人を選べても、大企業の経営者のような自由度はないはずです。もしも「優秀な人が来ないと成功しない」ということになれば、ビジネスの成功がギャンブル、いわば〝運ゲー〟になってしまいます。つまり、「優秀な人を見つけよう」と発想することは誤りなのです。

誰もが優秀な人になれるしくみをつくる

では、どうするか? **「優秀な人を見つける」のではなく、「誰もが優秀な人になれるしくみをつくる」**のです。

その人の能力を最大限発揮できる環境を整える。これも経営者やリーダーが果たすべき重要な役割の一つです。業務を効率化するツールを導入したり、技能を磨くための教育体制を整えたり、モチベーションを上げるため報酬の金額を高くしたりと、さまざまな方策が考えられます。

ここでは、「想定外の未来を見せる」ことを挙げてみます。

たとえば、私の会社で活躍している人がいます。

当初、彼女はマーケティングや経営の知識・スキルを身につけて自分を成長させようと考えていたはずです。しかし、私は（彼女の意思にかかわらず）優秀な人ほど独り立ちするものだと思っているので、実際に彼女が独立したときに、私と同じように成功できるようなビジョンを伝えています。

それは彼女にとって「想定外の未来」になるわけです。

会社のプロジェクトであれば、将来目指すべきビジョン、それもメンバーが想定していない未来像を見せるのも効果的です。

たとえば目標を達成した場合の売り上げの額だけでなく、会社や社会に何をもたらすか、あるいはメンバー個人の生活がどう変わるかといった未来を見せるのもひとつの方法でしょう。

「想定外の未来」を見せられれば、仕事のモチベーションも上がるでしょうし、その未来を実現するために自分の能力を高めようとしたり、課題を解決しようと奮闘したりするでしょう。業務の効率化や技能の教育、報酬額の引き上げと同じような、いやそれ以上に「優秀な人になれる」ことにつながるはずです。

優秀な人になれば、いつか会社や組織に見切りをつけて、他へ移ってしまうものです。しかし、実は「想定外の未来」はそういう人に長くいてもらえる効果も期待できます。

組織にハーモニーを生み出すには

「想定外の未来」を見せるには、少し時間も手間もかかりますが、これ以外にもあなたがすぐにできることがあります。

それは無条件で根拠なく相手を信頼することです。

高木善之さんの「オーケストラ指揮法」という本があります。

そのなかではオーケストラの指揮をするとき、相手を根拠なく信頼することで、相手も答えてくれて、ハーモニーが生まれるのだと書いてありました。

私も携帯電話を売っていたとき、当時の上司から無条件に信頼してもらったことで、実績が上がっていきました。

これは環境を整えることとも通じますが、信じてもらえることは大きな力となるのです。

アドバイス

優秀な人が育ち、その人たちにワクワクしたビジョンを見せることが重要です

視点の切り替え

シチュエーション28

書類にサインをしてもらうため、上司のデスクに向かう。

マーケティング脳がない人

書類だけを持っていく。

マーケティング脳がある人

書類といっしょにペンも持っていく。

ある携帯電話ショップが長続きしなかった理由

私が携帯電話ショップで働いていたとき、いろいろな系列店舗を転々としていましたが、なかにはすぐにつぶれてしまうお店もありました。いまではその理由を想像することができます。

そのお店では携帯端末などを販売しており、「今月は◯台売るぞ！」などと目標を立てていました。お店側の都合で「今月はこれ」と売る商材も決められていました。短期的に見ると、たしかに商品が売れて目標を達成できることもあるのですが、すぐに売り上げは下がり、閉店になってしまうケースがあります。

当時はなぜだかわからなかったのですが、実はビジネスには何個も落とし穴があります。

これはよくあるつまずきなのですが、戦略の一環として本来の業務やサービスから離れたことを、利益を得るために安易に始めてしまうことがあります。結果としてお客様の求めていることから外れてしまい、ユーザビリティもクオリティも低くなって、お客様が離れ、採算が取れなくなる――企業がそういった末路をたどってしまう場合があります。

ここでマーケティング脳を働かせると、なぜ失敗するのかが見えてきます。「三方良し」という言葉をご存じでしょうか。近江商人の経営哲学として知られていて、「売り手と買い手が満足し、さらに社会に貢献できるのが良い商売」という考え方です。

利益を得るためだけに生み出された商品は、売る側の都合で提供しているだけで、必ずしもお客様の利益にはなっていません。つまり〝一方良し〟になってしまっています。そこに失敗の原因があると考えられるのです。

「鳥の視点」を持つ

自分の都合しか考えられなくなるのは、自分のカメラでしかものを見ていないからです。他人からは「こうしたら良いのに」と簡単にわかることでも、自分のカメラでは見えないことがよくあります。マーケティング脳では、自分と相手のカメラを自由に切り替えられるような訓練もします。

たとえば、会社で上司に報告をしにいくとしましょう。当人は手ぶらで報告していますが、「資料もいっしょに持っていけば良いのに」と他人が気づくことがあります。このように他人のカメラで見ないと意外に気づかないことがあるのです。これは大きなプロジェクトやビジネスを進めるうえでも有効な考え方です。

また、〝三方良し〟の考え方にならえば、自分と相手だけではなく、第三者のカメラを持つことも大切です。これは「鳥の視点」と呼ばれているそうです。

売り手が儲かり買い手も満足するけれども、世間の人は良い顔をしないような商品・サービスもあり得ます（たとえば、安くて高機能だが盗撮が簡単にできてしまうカメラアプリなど）。「鳥の視点」で見れば、そういった商品・サービスは良くないと判断できます。

マーケティング脳では、自分・相手・第三者のカメラを自在に切り替えられるようになることが大切です。そのためには、日常生活でいろいろな視点でものを見るトレーニングをすると良いでしょう。

自分が妻なら夫の立場で考えてみる。夫なら妻の身になってみる。子どもがどう感じるかを想像してみる。そして、世間からどう思われるか「鳥の視点」も意識する。そうすれば、ビジネスやプロジェクトを成功につなげることができるでしょう。

アドバイス

「鳥の視点」を持つ人はまわりからの評価も上がります

仕事のスキマ

シチュエーション29

社内で異動があり新しい上司がやってきた。気難しい人だと密かに噂されている。

マーケティング脳がない人

「自分が怒られたりしないかな」と戦々恐々とした日々を過ごす。

マーケティング脳がある人

上司に積極的に話しかけ自分にできる仕事がないか探る。

トップの人は「何もできない」

私が起業する前、他の起業家が集まってあるプロジェクトを立ち上げました。私もそこにお手伝いとして参加したのですが、気づいたことがあります。「この人たち、雑用がまったくできないなあ」と。

もちろん、ビジネスの目的やゴールを決めているのはトップの人たちです。つまり、ビジネスの大きな部分は見えています。でも、細かいところはまったく見えていません。たとえるなら、大きな船に船長が何人もいるような感じなのです。

どんなに大きな事業やプロジェクトであろうと、細かく分解していくと、小さな仕事の積み重ねで成り立っています。これらをおろそかにすると、ビジネスが成功することはあり得ません。

そこで私は「トップが見えていない雑用はすべて自分でやってしまおう」と考えま

した。上に立つ人にはわからない、下の立場で働いているからこそ必要性に気づける仕事があります。「現状を箇条書きにまとめて報告する」など、ちょっと工夫すれば誰でもできるような仕事を積極的にこなしていったのです。

上司の悩みを解決するのも部下の仕事

いまでは私もいちおう「トップ」として仕事をしています。自分1人では手が届かない箇所や目が届かない細かいところは、私のもとで働いてくれているスタッフに助けられています。

トップのもとで機転を利かせて働くというのは、実は難しいことです。本当に必要とされていることを見つけ出すためにプロジェクト全体を見渡したり、構造を理解したりするような、それぞれの力がマルチに問われますから、きっとプレッシャーも大きいでしょう。

ある上司が私に語った言葉があります。

「仕事とは目の前にいる人の困りごとを解決することだ。困りごとを見つけるには、ただ相手の話を聞けば良い」

どんなに完全無欠に見える人でも、困りごとや悩みを抱えているものです。**相手の話を聞けば、そこに事業やプロジェクトの「スキマ」が見つかります**。さらにいえば、実は自分の話を聞いてほしい人はかなりの割合でいます。しかしながら、人の話を聞ける人は圧倒的に少ないので、これができるだけでもアドバンテージが大きいのです。

部下が上司に積極的に話しかけるのはハードルが高いかもしれませんが、私は臆することなくコミュニケーションをとることにしていました。

また、会社の上司と部下の間には〝溝〟があり、上司は孤独だったりするものです。「自分は部下から嫌われているかも」などと悩んでいたりします。そこで、上司と部下の仲介役を買って出るのも一つの手です。

たとえば私は、上司が会議など約束の時間に遅れてきたときには、明るい雰囲気で気遣う言葉をかけるようにしていました。上司といっても人間ですから、失敗して落ち込むときや気まずいときもあります。そのとき、誰かがそばに来てはげましてくれると、心の支えにすることができます。これで上司と部下の〝溝〟は多少なりとも埋まったはずです。

職場の雰囲気が良くなれば、仕事のパフォーマンスも上がります。

こんなふうに、トップの人が見えないことに気づいて動いたり、困りごとや悩みを解決したりするのもマーケティング脳の働きといえます。

アドバイス

相手が上司でも、困っている人にはよりそいましょう

市場の穴

シチュエーション30

「インスタ映え」が流行しているらしいので、自社の商品を紹介するのに活用したい。

マーケティング脳がない人

自社の商品を「インスタ映え」するように撮影して投稿する。

マーケティング脳がある人

あえて「インスタ映え」しない商品の写真を投稿し親しみやすさを演出する。

「キラキラ女子起業家」には見つけられない〝穴〟

私が起業した当時は「インスタ映え」「キラキラ女子起業家」などがもてはやされていました。見た目を美しく着飾ったり、ゴージャスな会場でパーティをしたりしているのを盛んにアピールしていたのです。有名な大学を卒業していたり、大手企業をやめて独立したりする人も多くいました。「美魔女」と呼ばれている人もいましたね。

一方、私自身を顧みると、華々しい学歴はなく、それどころか不登校児でしたし、いわゆる「陰キャ」ですから、パーティに参加するなんてもってのほか。

「起業したら、キラキラした人たちの輪に入らなければならないの？　それは嫌だな」と思いました。起業家を目指す人のなかにも私と同じように感じていた人がいたはずです。私はそういう人たちに向けてメッセージを発信したいと考えました。

マーケティング脳を働かせてビジネスを行うには、**誰も埋めていない〝穴〟を探す**ことが重要です。いうなればポジションのことです。

当時で言うならば、「キラキラ起業家は嫌だ」と思っている人に対応する起業家がまだいなかったので、そのポジションはまさに穴場だったのです。「インスタ映え」がもてはやされているなら、あえて「インスタ映え」を狙わないのも穴と考えることができます。つまり、誰もやっていないことを見つけることがビジネスチャンスを生むのです。

起業家でなくても〝穴〟を見つけることが重要

〝穴〟を探すという考え方は、会社勤めや、新しいプロジェクトを立ち上げたり、企画を考えたりしている人にも役に立ちます。**誰も埋めていない穴を見つけることが大きなビジネスチャンスにつながる**のはどのビジネスも同じだからです。

どんなに大きな企業であろうと、あるいはどんなに優秀な人が集まっている会社であろうと、市場のすべての穴を埋めることはできません。必ずどこかに穴が空いています。

もちろん、穴を見つけるのは一筋縄ではいかないでしょう。穴は見つけるのが難しいからこそ、誰にも知られずに空いているわけですから。

でも、この本で紹介しているようにマーケティング脳を働かせて、たとえば「構造」を理解したり、「鳥の視点」を意識したりすることは、穴の発見につながるはずです。

アドバイス

〝穴〟を探せば大きなチャンスにつながる

シチュエーション31

マーケティングの方法について検討していると、「この手法は時代遅れだ」という意見を目にした。

マーケティング脳がない人

その情報を信じて、自社のマーケティングにそれを活用しないことに決める。

マーケティング脳がある人

その意見に惑わされず検討する。

「投稿をバズらせろ」「バズらせるな」どっちが正しい？

中級編で「ブームとの向き合い方」についてお話ししました。マーケティングの手法を知っておくと、知らないうちに誰かに乗せられてしまうことがなくなります。ここではもう一つの例を紹介しましょう。

私はSNSマーケティングのスクールを運営していますが、特定のSNSについて「オワコン（終わったコンテンツ）」と呼ばれているのを耳にしたことがあります。実はその話には裏付けがなく、発言者の経歴をよく調べてみると、別手法による集客を説いている人でした。

ようするにポジショントークで、自分の利益になるように人々を誘導しているだけだったのです。

世のなかを見回してみると、ポジショントークがあふれていることに気づきます。

かつては「SNSの投稿はバズらせることが大切」と言われていましたが、しばらくすると「バズらせてはいけない」と言う人が出てきました。「インスタ映えする写真を投稿する」のが当たり前になってくると、「インスタ映えしてはいけない」と主張する人が現れるのです。

きりがないように思いますが、悩む必要はありません。実はこれらは、「逆説」というマーケティングの手法の一つなのです。

もし、これらの言葉にあなたが悩まされていたら、まんまとマーケターの術中にはまっているということです。

「逆説」をビジネスに役立てよう

「逆説」とは、一般的な常識や考え方とはあえて逆のことを言う手法です。

その目的は、世間の注目を自分に向け、「すごそう」と思わせること。人身掌握術の一種といえます。そういう手法があると知っていれば、もう惑わされることはなくなりますね。

逆に、これを自分のビジネスに応用することもできます。といっても、世間をだますような使い方をするのではなく、**アイデア発想などに役立てる**のです。

たとえば、プレゼン資料をつくるとき、ふつうはパワーポイントなどのアプリを使って仕上げますが、常識に逆らって、あえて全部を手書きにしてみてはどうでしょう？　図やグラフもすべて手書き。他の会社がアプリで見栄えの良い資料をつくっているなかで、ちょっと粗削りな手書きの資料を見せられたら、インパクトがありますし、メッセージがより直接的に伝わると思いませんか？

これはあくまで一例ですが、「常識を疑ってみる」「普通とは逆のことをする」というのもマーケティング脳といえるのです。

アドバイス

逆説の手法を、仕事にも活かしましょう

シチュエーション32

1カ月後に会社をやめて起業する予定だが、ずっと不安感が消えない。

マーケティング脳がない人

不安を抱えたまま仕事に取り組む。

マーケティング脳がある人

不安と向き合いネガティブな感情を解消する。

ネガティブな感情の原因を知ろう

起業をして新しいビジネスを始めたり、あるいは会社で新規事業を立ち上げたり、初めて何かをするとき、ほとんどの人が不安を覚えるものです。

「何も問題ない」「必ずうまくいく」と確信があったとしても、一方で「失敗したらどうしよう」「もしもうまく収入が得られなかったら……」「発信した情報について、他人からどう思われるだろう?」などとネガティブな感情も生まれます。

もしもポジティブな感情しか持たずに突き進んだら、目の前に空いた〝落とし穴〟に気づかず、大きな失敗をしてしまうかもしれません。**ネガティブな感情を持つのは、必ずしも悪いこととはいえない**わけです。

しかし、ネガティブになって、何も行動できなくなってしまうのは問題です。ネガティブな感情を解消する方法として、初級編で「紙に書き出す」方法を紹介しました

（68ページ）。ただ、そのような方法を実践しても、ネガティブな感情がなかなか消えないこともあります。

その場合、実は心理的に問題を抱えている可能性も考えられます。

自分の心を癒やす方法

人には「生まれたときから備わっている心の領域」があるといわれています。「自分のなかにいる子ども」と表現される場合もあります。

心の傷がそのまま放置されていると、ネガティブな感情が消えなくなってしまい、自己肯定感が極度に低くなったり、対人恐怖症になったり、他人に攻撃的になったりします。そうなると、本来の能力を発揮できず、人生のさまざまなシーンで挫折してしまう可能性も高くなってしまうのです。

症状が深刻な場合は専門家に診てもらうべきですが、誰にでも思い当たる節があると思います。その場合、どうやって自分の心と向き合い、傷を癒やせば良いのでしょうか。

解決策の一つとしては、**「心が傷ついている」と自覚する**ことです。そして、心のなかの自分は「何を欲しているのか」「どんなことを辛いと感じているのか」を探ります。さらに、抑圧されている感情を深く味わうことで、癒やしにつながっていきます（ここでも「紙に書き出す」方法が役立つと思います）。

心がしっかり癒やされれば、気持ちも軽くなり、本来の力を発揮して物事に取り組めます。仕事で成果を出すことにもつながるわけです。

アドバイス

まずはネガティブな感情の原因を探りましょう

幸せのありか（その１）

シチュエーション33

新しい商品が発売され、お客様に販売する方法を考える。

マーケティング脳がない人

商品の機能や材質などの特長を重点的に伝える。

マーケティング脳がある人

商品を使って得られる感情を想像させる。

起業したばかりだけど、「年商3億円」になり切ってみる

私が起業したばかりのころの話です。当然、売上なんてほとんどない状態でしたが、自分のなかでだけ「私は年商3億円の経営者だ」と思い込むことにしました。

心で思うだけでなく、実際に3億円稼いでいるようにふるまうのです。年商3億円だったら、どんな表情をするのか。言葉づかいはどうする？　姿勢や歩き方は？　そんなふうに行動を変えていったのです。

行動を変えると、気分や感情も変わっていくから不思議です。

「年商3億円になれば、こんな気分なんだろうな」「ビジネスで成功できれば、こんな感情を持てるだろう」と、起業したてのころは、そんな想像をくりかえしていました。133ページの「毎朝、その日に得たい感情を先取りする」でも説明したように、実際に結果が出る前に感情を先取りしたわけです。

その一方で、「なぜビジネスで成功したいのか?」を常に自分に問い続けていました。その結果わかったことは、3億円と大きく出たものの、必ずしも大金を稼ぐのが目的ではなく、「ビジネスで成功することで得られるポジティブな感情」こそがほしかったのだと気づきました。

お客様が本当にほしいのは、何か

「感情」はビジネスにおいて重要な視点だと考えています。

たとえば、効果的なダイエットの方法を探している人がいるとしましょう。その人は痩せたいだけなのでしょうか?「痩せたい」理由を深掘りしてみましょう。本当の願いは痩せたあとの感情を得たい、ということではないでしょうか。

スリムな体形ではないために、体のラインが出にくいダボダボの服しか着られない。恥ずかしい。痩せたら、そんなみじめな思いはしないで済む。そしたら、臆することなく道を歩きたい――ダイエットをしたいのは、そんな心地良い**感情を得たいから**ではないでしょうか。

マーケティング脳を有効に使い、相手が本当に求めていることに気づけたら、ビジネスも日常生活もうまくいくでしょう。

もし、あなたが商品やサービスを開発したり、販売したりする仕事をしているなら、お客様に対して、商品やサービスの特長を売り込むのではなく、それを買ったあとどんな感情が得られるかをアピールすると良いでしょう。

たとえばバッグを売りたいなら、機能や材質の良さではなく、そのバッグを持って生活すると得られる感情や幸福感を伝えるのです。

アドバイス

お客様の望んでいることに気づき、商品がどう応えられるかPRしましょう

幸せのありか（その2）

シチュエーション34

ビジネスがうまくいき、月に数百万円稼げるようになった。

マーケティング脳がない人

高価な服を着込み、毎日、高級料理に舌鼓を打つ。

マーケティング脳がある人

1000円のハンバーグ定食で幸せを感じる。

成功している人は本当に幸せ？

これまでに何人も成功した経営者にお会いしてきました。ただ失礼ながら、なかには「こんな人にはなりたくないな」と感じる人もいました。

それは「成功しているのに幸せそうではない人」です。

成功した人はお金を稼いでいますから、高価な服で自分を着飾ったり、一等地に豪邸を構えてみたり、連日のように高級料理を食べたりする人がいます。

しかし、せっかく稼いだお金で贅沢をすることだけが、幸せなのでしょうか。

もちろん、当人でないと真実はわからないのですが、私自身の経験から想像すると、おそらく幸せではないから、大金をかけた生活をしているのだと思います。

心のどこかに穴が空いていて、高価な服や豪邸では満たされず、いつまでたっても幸せにはならないのです。

「成功してたくさん稼いだら、高い服を着よう。高級住宅街に住もう。そうすれば幸せになれる」

こう考えることは悪いことではありませんが、これを目標にするのは、実は間違っているのかもしれません。

もちろん、自分で稼いだお金をどう使おうと自由です。他人が口を出すことではありません。

しかしながら、欲望は際限なく広がっていくものです。**お金で幸せを買うようなことをしていると、「幸せの単価」が上がり、「幸せ感度」も低くなってしまうのです。**

「幸せの単価」が上がれば、せっかくビジネスで成功しても、苦労して稼いだお金を一時的な幸福感のために失っていることになります。それでは本末転倒だと思うのです。

1000円のハンバーグ定食を食べられれば幸せ

私はビジネスがうまくいって、ある程度お金が得られるようになったとき、「お金で手に入れられないものもある」のだとわかりました。高級料理やハイブランドの服を買ってみたこともありましたが、「これじゃなくても良い」と買ったものに意味を見出せなくなっていきました。いまでも、ファミリーレストランで食事をするだけで幸せを感じることができます。

実は、幸せは愛と同じように、小さくてもそこらじゅうにあるものなのではないかと思います。それに気づける人間でいたいものです。マーケティング脳を使えば、お金で買えないものに目を向けて、本当の満足を知ることができるかもしれません。

アドバイス

お金は道具であって人生の目的ではありません

コラム

「いつか」ではなく「いま」幸せになる

仕事で東京を訪れたときのことです。いつものように電車のなかでスマホをいじっていました。ふと顔を上げると、車内には私と同じようにスマホの画面を見つめている人ばかりであることに気づきました。

日本のあちこちで見られる光景だと思います。私が住んでいる福岡にも電車内でスマホを操作している人は珍しくありません。しかし、ふだん暮らしているのとは別の街にいたからでしょうか、とてつもなく異様でさみしい光景であると思ってしまったのです。

「私たちはスマホの世界に生きている」

その〝真実〟に気づき、愕然としてしまいました。

改めて自分のふるまいを顧みると、ことあるごとにスマホの画面を眺めていることがわかります。ふだん家族といっしょに過ごしていても、ついスマホに手を伸ばしてしまう。お店に入っておいしそうな料理を前にすると、ついスマホで写真を撮りたくなってしまう。旅行に行っても、きれいな風景を記憶に焼き付けるのではなく、スマホに残そうとしてしまう。

そういったことがもはや習慣になっていて、無意識にやってしまう。

何の疑問も抱かない。

はたしてそれで良いのでしょうか？

東京から帰ってきて、私はネットショップであるものを買いました。スマホを入れるボックスです。本体は透明なアクリルで中身を見ることはできますが、タイマーをセットすると、時間が来るまでどんなことをしてもふたが開かず、取り出すことができません。

スマホをそのボックスに入れると、ふいに電話がかかってきても応対できないので、困ってしまうこともあります。でも「そのくらいしなければダメだ」と思いました。いわば〝荒療治〟でスマホから離れようと考えたわけです。

作家でメンタルコーチの野口嘉則さんが、こんな話を紹介しています。

武士が戦《いくさ》のため城に招集されました。自宅から城に向かう途中、道端に花が咲いているのを見つけます。そのとき武士は「なんと可憐《かれん》で美しい！」と感動するのです。数時間後には命を落とすかもしれない。それなのに、いや、だからこそ、目の前にある美しさを愛でようとする。

「人生は有限だ」とわかっているからこそ、いま、この瞬間を大切に生きられるのかもしれない、と野口さんは語ります。

家族といっしょに過ごす時間、おいしい料理を食べる時間、美しい風景を眺める時間。それらは誰であっても、花と同じように人生で愛でるべき大切な時間であるはず。

私たちはビジネスやプライベートで夢を抱いたり目標を立てたりしています。もちろん、それ自体は重要なことです。この本でも「逆算思考」として、ゴールからさかのぼって考えることを提案しています。

しかしながら、夢や目標に向かって努力しても、必ずしも実現できるとはかぎりません。自分の努力だけではどうにもならない状況もあるからです。

では、夢や目標が実現できなければ、あなたの人生は不幸なのでしょうか？

そんなことは絶対にありません。

夢や目標がかなうかはわからないけれど、いま目の前にある幸福に目を向ければ、望んだ形とは違っても、自分が幸せであることがわかるのではないでしょうか。

「いつか」ではなく「いま」幸せになりましょう。

第4章のまとめ

◯ 嫌な人とも仕事ができるようになれば、自分のレベルも高くなる

◯ 偏りがない思考を目指せば、何事も冷静に対処できる

◯ 謙虚になれば、他の人から協力を得て、成功に近づける

◯ 誰もが優秀になるしくみをつくると、仕事のモチベーションが高くなる

◯「鳥の視点」を持って行動すれば客観性を得られる

◯ 上司の悩みによりそえば、職場の雰囲気が変わりパフォーマンスが上がる

◯ 誰も埋めていない〝穴〟を見つけたら、ビジネスチャンスを得られる

◯ 逆説の手法を知れば、新しいアイデアを発想できる

◯ 自分の心と向き合えば、本当の力を発揮できるようになる

◯ 相手が求めているものに訴求すれば、売上が上がる

◯ お金で得られない幸せに気がつけば、人生に満足できる

おわりに

ついに、この本の内容も最後となりました。「マーケティング脳」の概念を把握することは難しかったと思いますが、一生懸命読んでくださったことと思います。

この本では、私自身が「マーケティング脳のある人」のように語ってはいますが、マーケティング脳を使って仕事や日常生活を回せるようになったのはここ数年です。

たとえば、それまではいまのような発想のしかたがなかったので、どうして余裕がないまま働いているのかもわからず、「今週だけがんばれば来週は休める」などと甘い目測を立てて失敗する、というのをずっとくりかえしていました。

しかし、その状況のなかでも、知らずしらずのうちにマーケティング脳を働かせて、自分を理解し他人を理解したことで、少しずつ道が拓けていったのです。

最後に、もう一つだけアドバイスをして終わろうと思います。

この本を読むこと、つまり「インプット」をしたら、記憶が新鮮なうちにできるかぎり速やかに「アウトプット」も行いましょう。3章でも触れましたがインプットするだけでは、そのノウハウは身につきません。「役に立ちそう」「面白そう」と思ったものからでかまわないので、今日からでもすぐに実践を始めてください。

最初はうまくいかないかもしれません。はっきりと効果が出るまでに時間もかかるでしょう。でも、くりかえし実践し、問題点を見極めて改善しながら習慣化すれば、少しずつ自分自身が変化していくのを感じるはずです。

自分が変われば、まわりにいる人も変わっていくでしょう。そうすると、ゆっくりと仕事や生活、そして人生が良い方向に進んでいくと思います。

「熱い心と冷たい頭」という言葉があります。

マーケティング脳を働かせるには「冷たい頭」、つまり理性や客観的なデータなどを用いる必要がありますが、その根本にあるべきは「熱い心」だと私は考えています。

それは、自分の内面を豊かにすることであったり、家族のぬくもりであったり、大切な人とつながることであったりします。

「人は何のために生きているか」。
その問いに答えるのは簡単ではありませんが、少なくとも私たちは仕事をするために生まれたロボットのような存在ではありません。したがってマーケティング脳は、あくまで人生の目的をかなえるための手段に過ぎないのです。

目的をかなえてより良い人生を送れるように、ぜひあなたも私といっしょにマーケティング脳をきたえていきましょう!

あなたはこの本をお読みになって、何をお感じになったでしょうか？　一つでも「これは役に立ちそうだ」と思っていただける情報をお届けできたなら、これ以上嬉しいことはありません。

田尻紋子

【著者紹介】
田尻紋子（たじり・あやこ）
億超え社長。1977年福岡県生まれ。

大学卒業後に入社した携帯電話販売会社で、管理する店舗が約3カ月で日本全国28店舗中1位、目標達成率230%、過去実績比430%を達成。当時から売上向上のために無意識のうちに行っていたことがマーケティングの原理を応用したものであったことを知り、起業を意識するようになる。

その後、コールセンター勤務、美容業界を経て起業。年商1億円を連続達成した経験を活かし、現在はマーケティング手法を伝えるスクールを運営。これまでにスクール卒業生800人を送り出し、セミナー受講生は4000人、ノウハウ提供は3万7000人を突破している。

人生が180度変わる思考術
マーケティング脳で考えればうまくいく

2024年7月23日　初版発行

著　者　田尻紋子
発行者　野村直克
発行所　総合法令出版株式会社
〒103-0001　東京都中央区日本橋小伝馬町15-18
EDGE小伝馬町ビル9階
電話03-5623-5121（代）

印刷・製本　中央精版印刷株式会社

ISBN 978-4-86280-955-1
総合法令出版ホームページ　http://www.horei.com/